MAGIA SIMPLULOR SĂRBĂTORI ÎN EXTERIOR

Creați momente memorabile cu 100 de rețete ușoare și frumusețea mesei în aer liber

Igor Ursu

Material cu drepturi de autor ©2024

Toate drepturile rezervate

Nicio parte a acestei cărți nu poate fi utilizată sau transmisă sub nicio formă sau prin orice mijloc fără acordul scris corespunzător al editorului și al proprietarului drepturilor de autor, cu excepția citatelor scurte utilizate într-o recenzie . Această carte nu trebuie considerată un substitut pentru sfaturi medicale, juridice sau alte sfaturi profesionale.

CUPRINS

- CUPRINS 3
- INTRODUCERE 6
- **MIC DEJUN** 7
  - 1. Scones cu fulgi de ovaz si stafide 8
  - 2. Scones de afine cu glazură de lămâie 10
  - 3. Fulgi de ovaz sarati cu Shiitake si spanac 12
  - 4. Clătite sărate cu ceai, ciuperci și brânză de capră 14
  - 5. Clătite de zară cu arțar, mascarpone și fructe de pădure 16
  - 6. Pâine prăjită la grătar și mușcături de bacon 18
  - 7. de cartofi dulci, mere și pancetta 20
  - 8. Chai în aer liber 22
- **STARTERS ȘI GUSAȚI** 24
  - 9. Frigarui Satay de pui 25
  - 10. Rulouri vegane cu cârnați 27
  - 11. Chuckwagon Kabobs 30
  - 12. Mușcături de prăjitură de somon, fasole și mazăre 32
  - 13. Porumb la grătar cu glazură dulce de chili–soia 34
  - 14. Porumb pe Cob 36
  - 15. Mini Slidere 38
  - 16. Mini pizza 40
  - 17. Nachos 42
  - 18. Popcorn Bar 44
  - 19. Creveți de cocos 46
  - 20. Salata de mango avocado 48
  - 21. Frigarui de pui tropical la gratar 50
  - 22. Frigarui de ananas si creveti la gratar 52
  - 23. Frigarui Caprese 54
  - 24. Glisoare pentru pui la grătar 56
  - 25. Tartele Miniaturale Cu Merisor Si Brie 58
  - 26. Cocktail de creveți cu un sos cocktail picant 60
- **SANDWICHE-URI ȘI ÎMPACHETĂRI** 62
  - 27. Sandvișuri cu pui Coronation 63
  - 28. Burgeri Italieni Cu Muștar De Busuioc Și Giardiniera 65
  - 29. Tacos de pui cu crustă de chimen cu salsa verde afumată 68
  - 30. șuncă fierbinte și brie se topește 71
  - 31. Wrap-uri cu salsa de hummus si sfecla rosie 73
- **RETENȚĂ LA GRĂTAR** 75
  - 32. Chifteluțe în scânduri cu sos marinară 76
  - 33. Creveți la grătar 79
  - 34. Halibut în scânduri cu glazură de portocale-miso 81
  - 35. Coaste la grătar 83

36. Friptură învețită în slănină pe o scândură............85
37. Pizza cu piersici și prosciutto............89
38. Cozi de homar la gratar cu unt de plante cu lamaie............92
39. Nachos încărcat pe grătar............95

ALTE REDEA 97
40. Somon cu usturoi............98
41. Cârnați afumati, fasole și cartofi............101
42. Fripturi fripturi prăjite cu sos de ierburi............103
43. Curcan prăjit cu ierburi cu sos de afine............106
44. Șuncă Glasă cu Miere Cu Compot De Ananas............108

SALATE DE GRADINA-PROASPE 110
45. Panzanella la grătar............111
46. Salată de orez cu năut și rodie prăjită............114
47. Salată mediteraneană de quinoa............116
48. Salata de piersici si burrata............118
49. Salată de pepene verde, feta și mentă............120

LATELE AL FRESCO 122
50. Tofu în stil chinezesc în ambalaje de salată verde............123
51. Jalapeños murat............125
52. Cartofi Dulci Cu Sriracha - Glazură de arțar............127
53. Gnocchi cu unt cu usturoi și ciuperci............129
54. Din lemn de cedru Roșii umplute............131

DULCIURI 133
55. Pere La Gratar Cu Crema Fraîche De Scortisoara............134
56. Popsicles cu iaurt înghețat cu fructe de pădure............136
57. Smochine și piersici caramelizate dulci............138
58. Pere scazute cu gorgonzola si miere............140
59. Cookie-uri............142
60. Sundaes cu înghețată............145
61. Tort cu susul în jos cu ananas............147
62. Macaroane cu nucă de cocos............149
63. Prajitura de sifon cu ciocolata............151
64. Plăcintă clasică cu dovleac............154
65. Biscuiți din turtă dulce............156
66. Tort............159

RETETE DE CHARCUTERIE 162
67. Placă clasică de carne de mâncare............163
68. Plato mediteranean Mezze............165
69. platou italian de antipasti............167
70. Plato de sarmutari de inspirație asiatică............169
71. Charcuterie de inspirație franceză............171

SOSURI, DIPSURI ȘI SOSURI 173
72. Jeleu de ardei iute............174

73. Pesto de casă cu busuioc-nuci 176
74. Hummus clasic 178
75. Dressing de Avocado Cilantro Lime 180
76. Sos Tzatziki 182
77. Dip cu ardei roșu și nuci prăjiți 184
78. s'Mores Dip 186

BÂNĂRĂRI ȘI RĂCITORI 188

79. Ceai dulce cu vârf de whisky 189
80. Sangria Mimoza 191
81. Margarita în aer liber 193
82. Paloma 195
83. Aniversare Shake 197
84. Limonadă Bourbon cu miere 199
85. Candy Cane Martini de iarna 201
86. Vin fiert din citrice și artar 203
87. Roșu Ruby Grapefruit Shandy 205
88. Summer Ale Sangria Cu Ghimbir Si Piersici 207
89. Cidru fiert de vanilie și Bourbon 209
90. Margareta 211
91. Mojito 213
92. Cosmopolit 215
93. Negroni 217
94. Moscow Mule 219
95. franceza 75 221
96. Espresso Martini 223
97. Blue Martini 225
98. Smoothie de fructe 227
99. Fecioară Pina Colada 229
100. Apă infuzată cu fructe 231

CONCLUZIE 233

INTRODUCERE

Bine ați venit la „MAGIA SIMPLULOR SĂRBĂTORI ÎN EXTERIOR", unde sărbătorim bucuriile de a lua masa în aer liber cu 100 de rețete ușoare concepute pentru a crea momente memorabile sub cerul liber. Fie că faci un picnic în parc, găzduiești un grătar în curte sau te bucuri de o cină la apus de soare pe terasă, această carte de bucate este ghidul tău pentru a îmbrățișa frumusețea mesei în aer liber cu rețete delicioase și accesibile.

În această carte de bucate, veți descoperi o colecție de rețete inspirate din aromele vibrante ale ingredientelor proaspete, de sezon și atmosfera relaxată a adunărilor în aer liber. De la salate simple, pline cu produse proaspete de grădină, până la mâncăruri delicioase la grătar și băuturi răcoritoare, fiecare rețetă este creată pentru a vă îmbunătăți experiența de luat masa în aer liber și pentru a aduce bucurie fiecărei mușcături.

Ceea ce diferențiază „MAGIA SIMPLULOR SĂRBĂTORI ÎN EXTERIOR" este accentul pus pe simplitate și accesibilitate. Indiferent dacă sunteți un maestru experimentat la grătar sau un bucătar începător, aceste rețete sunt concepute pentru a fi ușor de urmat și adaptabile preferințelor dvs. de gust și nevoilor alimentare. Cu un minim de pregătire și agitație, puteți petrece mai puțin timp în bucătărie și mai mult timp bucurându-vă de compania celor dragi în mijlocul frumuseții naturii.

Pe parcursul acestei cărți de bucate, veți găsi sfaturi practice pentru planificarea și executarea de sărbători în aer liber fără efort, precum și fotografii uluitoare pentru a vă inspira aventurile culinare. Fie că găzduiești o întâlnire obișnuită cu prietenii, sărbătorești o ocazie specială sau pur și simplu savurezi o masă liniștită în natură, „MAGIA SIMPLULOR SĂRBĂTORI ÎN EXTERIOR" are tot ce ai nevoie pentru a crea momente de neuitat sub soare sau stele.

MIC DEJUN

1.Scones cu fulgi de ovaz si stafide

INGREDIENTE:
- 4 linguri lapte degresat
- ½ lingurita suc de lamaie
- 150 g faina integrala auto- levanta , cernuta
- 20 g zahăr tos auriu
- 1 lingurita praf de copt
- ½ linguriță de scorțișoară măcinată
- 40 g tartina cu conținut redus de grăsimi
- 25 g ovăz rulat
- 50 g stafide sau sultane
- 1 ou mediu, batut usor

INSTRUCȚIUNI:
a) Preîncălziți cuptorul la 220ºC/Ventilator 200ºC.
b) Incalziti usor laptele fie in cuptorul cu microunde, fie pe plita si adaugati un strop de zeama de lamaie. Dați deoparte până când este necesar.
c) Combinați făina, zahărul, praful de copt și scorțișoara într-un castron.
d) Împărțiți tartina cu conținut redus de grăsime în bucăți mici și adăugați-le la ingredientele uscate. Frecați tartina cu vârfurile degetelor până când amestecul arată ca niște firimituri fine.
e) În același castron, adăugați ovăzul, stafidele, laptele încălzit și cea mai mare parte din ou - lăsând o cantitate mică pentru glazură. Se amestecă bine pentru a forma un aluat.
f) Pe o suprafață ușor făinată, întindeți aluatul la aproximativ 1 cm grosime. Folosind un tăietor cu diametrul de 6 cm, tăiați 8 scones.
g) Puneți scones pe o tavă tapetată – la distanță uniformă – și ungeți ușor cu oul rămas.
h) Coaceți timp de 10-12 minute, până devin aurii și crocante.

2.Scones de afine cu glazură de lămâie

INGREDIENTE:
PENTRU SCONES
- 2 căni (240 g) de amestec multifuncțional pentru copt
- ¾ cană (180 ml) zară
- ¼ cană (56 g) unt, topit și răcit, plus mai mult pentru uns
- 3 linguri de zahar granulat
- 1 ou mare
- Coaja de 1 lămâie mare
- 1 cană (170 g) afine

PENTRU GLAMURĂ
- ½ cană (57 g) zahăr pudră
- 1 lingura suc de lamaie

INSTRUCȚIUNI:
PENTRU A FACE SCONELE:
a) Într-un castron mare, amestecați amestecul pentru copt, zara, untul, zahărul granulat, oul și coaja de lămâie cu o lingură mare și rezistentă până se formează un aluat moale, lipicios și plin. Încorporați ușor afinele.

b) Ungeți o tigaie mare cu unt și încălziți-o la foc mediu-mic. Folosind o lingură mare, aruncați ¼ de cană de aluat (puțin mai mare decât o minge de golf) în tigaie. Aranjați-le astfel încât părțile laterale ale fiecărui biscuit abia să se atingă. Ar trebui să ai 14 scones.

c) Acoperiți și gătiți până când scones-urile devin maro auriu pe fund, 4 până la 5 minute. Întoarceți fiecare biscuit cu o lingură și continuați să gătiți, acoperit, încă aproximativ 5 minute până când ambele părți se rumenesc ușor și scones-urile sunt complet fierte în centru.

d) Între timp, pentru a face glazura, amestecați într-un castron mic zahărul pudră și sucul de lămâie până se omogenizează bine. Stropiți glazura peste scones calde înainte de servire.

3.Fulgi de ovaz sarati cu Shiitake si spanac

INGREDIENTE:
- 2 linguri ulei de măsline, împărțit
- 1 şalotă medie, tocată mărunt
- 3 căni (700 ml) supă de pui
- 2 cesti (225 g) fulgi de ovaz prajit instant, fara zahar adaugat sau scortisoara
- 8 ciuperci shiitake medii, feliate (aproximativ 3 uncii)
- ¼ linguriță sare kosher
- ⅛ linguriță piper negru măcinat
- 3 căni (100 g) de spanac pentru copii la pachet
- 2 linguri de sos ponzu , plus mai mult pentru servire

INSTRUCȚIUNI:
a) Stropiți 1 lingură de ulei într-o cratiță mică la foc mediu-mare. Adaugati salota si gatiti pana incep sa devina translucide, aproximativ 2 minute.
b) Adăugați bulionul și fulgii de ovăz și aduceți la fiert.
c) Reduceți focul și fierbeți timp de aproximativ 5 minute, amestecând din când în când, până când ovăzul este gătit la consistența dorită. Continuați să încălziți suficient pentru a vă menține cald.
d) Între timp, puneți o tigaie mare la foc mediu-mare și amestecați cu restul de 1 lingură de ulei. Adăugați ciupercile, sare și piper. Gatiti pana cand ciupercile sunt moi, 3 pana la 5 minute, amestecand din cand in cand. Adăugați spanacul și ponzu , amestecați pentru a se combina și gătiți până când spanacul se ofilește , aproximativ 2 minute.
e) Împărțiți fulgii de ovăz, ciupercile și spanacul în 4 boluri și stropiți cu puțin ponzu înainte de servire.

4. Clătite sărate cu ceai, ciuperci și brânză de capră

INGREDIENTE:
PENTRU Umplutura
- 4 ciuperci cremini medii, tocate mărunt
- 4 ceai, tocati marunt
- 2 linguri ulei de masline
- 1 lingura de cimbru proaspat tocat
- ½ lingurita sare kosher
- ¼ lingurita piper negru macinat

PENTRU CLATITE
- 2 căni (240 g) de amestec multifuncțional pentru copt
- 1½ cani (350 ml) lapte
- 2 ouă mari
- Unt
- Brânză de capră

INSTRUCȚIUNI:
PENTRU A FACE Umplutura:
a) Într-un castron mic, combinați ciupercile, ceaiul verde, uleiul, cimbrul, sarea și piperul și lăsați deoparte.

Pentru a face clătite:
b) Într-un castron mare, amestecați amestecul de copt cu laptele și ouăle până se omogenizează bine.

c) Se încălzește o tigaie mare la foc mediu și se topește o bucată de unt, rotind pentru a acoperi suprafața. Pune câte ¼ de cană (60 ml) de aluat pe rând în tigaie.

d) Presărați 2 linguri grămadă din amestecul de ciuperci și ceai verde peste aluat și apăsați ușor în clătită în timp ce se gătește.

e) Gatiti pana incep sa se intareasca marginile, aproximativ 3 minute. Întoarceți clătitele și gătiți cealaltă parte până când devine maro auriu și se întărește complet, încă aproximativ 2 minute.

f) Serviți cu o bucată generoasă de unt și deasupra o praf de brânză de capră.

5. Clătite de zară cu arțar, mascarpone și fructe de pădure

INGREDIENTE:
PENTRU CLATITE
- 2 căni (240 g) de amestec multifuncțional pentru copt
- 2 căni (475 ml) de zară
- ½ cană (115 g) brânză mascarpone
- 2 ouă mari
- Unt

PENTRU TOPINGURI
- 2 linguri de zahar pudra
- ½ cană (115 g) brânză mascarpone
- 2 căni (150 g) de zmeură, mure sau afine
- Sirop din esență de arțar

INSTRUCȚIUNI:

a) Într-un castron mare, amestecați amestecul de copt, zara, mascarpone și ouăle până se omogenizează bine.

b) Într-un castron mic, amestecați zahărul pudră în cealaltă ½ cană (115 g) de mascarpone și lăsați deoparte.

c) Se încălzește o tigaie mare la foc mediu și se topește o bucată de unt, rotind pentru a acoperi suprafața. Pune câte ¼ de cană (60 ml) de aluat pe rând în tigaie.

d) Gatiti pana cand bulele se sparg la suprafata si marginile clatitei incep sa se intareasca, aproximativ 3 minute. Întoarceți și gătiți cealaltă parte până când devine maro auriu și se întărește complet, încă aproximativ 2 minute.

e) Repetați cu aluatul rămas. (Pentru a menține clătitele calde, stivuiți-le și înfășurați-le în folie pe măsură ce se termină de gătit.)

f) Serviți cu o praf de mascarpone îndulcit, o mână de fructe de pădure și un strop de sirop de arțar deasupra.

6.Pâine prăjită la grătar și mușcături de bacon

INGREDIENTE:
- 3 ouă mari
- 1 cană (240 ml) jumătate și jumătate sau lapte
- ¼ cană (60 ml) rom condimentat
- 1 lingura zahar
- 6 felii (de ¾ până la 1 inch grosime) challah, brioșă sau pâine în stil rustic
- 8 fasii de bacon taiat gros
- Sirop din esență de arțar

INSTRUCȚIUNI:
a) Pregătiți un grătar pentru căldură în două zone.
b) Într-un vas larg, puțin adânc, amestecați ouăle, jumătate și jumătate, romul și zahărul până când crema este foarte bine omogenizată.
c) Pune deoparte 6 frigarui pana este gata de utilizare. Tăiați fiecare felie de pâine în bucăți de 1 inch (2,5 cm). (Ar trebui să aveți aproximativ 36 de bucăți.) Aranjați bucățile într-un singur strat în vas, lucrând în șarje dacă este necesar și înmuiați pâinea în cremă timp de aproximativ 10 secunde. Întoarceți și înmuiați cealaltă parte pentru încă aproximativ 10 secunde până când pâinea este complet saturată, dar nu se destramă. Așezați pâinea pe frigărui și lăsați-o deoparte să se scurgă puțin. Așezați slănina pe frigaruile rămase, împăturind slănina înainte și înapoi în stil acordeon și străpungând părțile cărnoase ale slăninii, mai degrabă decât grăsimea.
d) Prăjiți baconul la foc indirect, întorcându-l ocazional, timp de 10 până la 12 minute, până când marginile sunt crocante și rumenite, dar centrele sunt încă umede.
e) Pâinea la grătar la foc direct, întorcându-se ocazional, timp de aproximativ 5 minute, sau până când suprafața este uscată și aurie și centrele sunt gătite. Dacă pâinea se rumenește prea repede, terminați frigăruile la căldură indirectă, odată ce obțin o formă bună.
f) Se serveste cu un strop de sirop de artar.

7.de cartofi dulci, mere și pancetta

INGREDIENTE:
- 6 uncii pancetta, tăiată cubulețe mici
- 1 ceapa galbena mica, tocata marunt
- 2 mere medii, fără miez și tăiate cubulețe
- 2 linguri ulei de masline
- 2 cartofi dulci mari, decojiti si taiati cubulete
- 1 lingurita fulgi de ardei rosu
- ½ lingurita sare kosher
- ¼ lingurita piper negru macinat
- 2 căni (65 g) de spanac pentru bebeluși la pachet
- 4 ouă mari

INSTRUCȚIUNI:

a) Încinge o tigaie mare la foc mediu-înalt. Adăugați pancetta și gătiți până se rumenește și devine crocant, 5 până la 8 minute, amestecând din când în când. Transferați pancetta pe o farfurie mare, rezervând grăsimea în tigaie.

b) Lasati grasimea sa se reincalzeasca aproximativ 1 minut. Adăugați ceapa și gătiți până când începe să devină translucidă, 2 până la 3 minute. Se amestecă merele și se gătesc până devin aurii, 3 până la 5 minute. Transferați ceapa și merele pe farfuria de pancetta.

c) Reîncălziți tigaia și ungeți ușor fundul cu ulei. Adăugați cartofii dulci într-un singur strat și gătiți netulburați până se rumenesc pe fund, aproximativ 5 minute. Presărați deasupra fulgii de ardei roșu, sare și piper și continuați să gătiți, amestecând ocazional, timp de 8 până la 10 minute, sau până când cartofii dulci sunt fragezi.

d) Întoarceți pancetta, ceapa și merele în tigaie și amestecați pentru a se combina. Adăugați spanacul și gătiți până se ofilește, 2 până la 3 minute.

e) Cu o lingură, faceți 4 godeuri adânci în amestec. Spargeți un ou în fiecare godeu, acoperiți tigaia și gătiți până când gălbenușurile se întăresc, 8 până la 10 minute. (Dacă vă plac gălbenușurile mai puțin curgătoare, braconați pentru câteva minute suplimentare.)

8.Chai în aer liber

INGREDIENTE:
PENTRU CONCENTRUL DE SCAUN
- 1 cutie (14 uncii/415 ml) de lapte condensat îndulcit
- 1 lingurita cardamom macinat
- 1 lingurita de ghimbir macinat
- ½ lingurita de scortisoara macinata
- ½ linguriță cuișoare măcinate

PENTRU SCAUN
- Pliculeț de ceai negru
- Apa fierbinte

INSTRUCȚIUNI:
a) Pentru a face concentratul de chai, combinați toate ingredientele într-un castron mic. Transferați într-un recipient cu capac și răciți până la 3 săptămâni.

b) Înmuiați plicul de ceai într-o cană cu apă fierbinte timp de 3 până la 5 minute.

c) Se amestecă câteva linguri de concentrat de chai după gust.

STARTERS ȘI GUSAȚI

9.Frigarui Satay de pui

INGREDIENTE:
- 650 g piept de pui fără piele, tăiat cubulețe

Pentru marinata:
- 150 ml băutură de nucă de cocos neîndulcită
- 2 lingurițe pudră de curry mediu
- 1 lingură sos de soia cu sare redusă
- 1 linguriță grămadă chutney neted de mango
- Pentru sosul de arahide:
- 3 linguri de unt de arahide neted
- 2,5 cm rădăcină de ghimbir, decojită
- 1 catel mediu de usturoi, curatat de coaja
- ½ linguriță pudră de curry mediu
- 2 linguri otet de vin de orez
- 1 lingură sos de soia cu sare redusă
- 1 lingura suc de lamaie
- 1 linguriță chutney neted de mango

INSTRUCȚIUNI:

a) Pentru a face marinada, adăugați toate ingredientele pentru marinată într-un castron mare și amestecați.

b) Adăugați puiul în marinadă și amestecați pentru a se acoperi bine. Acoperiți și lăsați la frigider pentru cel puțin 1 oră.

c) Puneți ingredientele pentru sosul de scufundare într-un blender și amestecați până la omogenizare. Se toarnă într-un bol de servire.

d) Dacă folosiți frigărui de lemn, înmuiați în apă pentru a preveni arderea.

e) Așezați 2-3 bucăți de pui pe fiecare frigărui.

f) Puneți pe o tavă de grătar sub un grătar mediu-înalt și gătiți aproximativ 4 minute – unele dintre margini ar trebui să înceapă să se rumenească. Scoateți de pe grătar, întoarceți cu grijă frigăruile - amintiți-vă, frigăruile în sine pot fi fierbinți - și gătiți încă 4 minute până când puiul este gătit.

10. Rulouri vegane cu cârnați

INGREDIENTE:
- Ulei spray ușor de gătit
- 1 ceapă roșie medie, tăiată cubulețe
- 200 g ciuperci castane, feliate
- Puțină mică de salvie proaspătă, tocată grosier
- 1 catel de usturoi, feliat
- 1 lingurita boia afumata
- Nucșoară proaspăt rasă, după gust
- Piper negru proaspăt măcinat, după gust
- 1 lingură sos Worcestershire vegan
- 1 cutie de 400 g linte verde sau maro, clătită și uscată
- 50 g ovăz rulat
- 4 foi de aluat filo vegan prefabricat
- Lapte de soia neindulcit sau similar, pentru glazurare

INSTRUCȚIUNI:
a) Preîncălziți cuptorul la 200°C/Ventilator 180°C.
b) Ungeți o tigaie antiaderentă cu ulei pulverizat și încălziți la foc mediu-mic. Gatiti ceapa pana se moale si devine translucida. Apoi creșteți focul la mare și amestecați constant până când ceapa devine maro aurie. Se ia de pe foc si se pune intr-un robot de bucatarie.
c) În aceeași tigaie mai adăugați puțin ulei pulverizat și, la foc mediu-înalt, gătiți ciupercile. Amestecați regulat până se rumenesc.
d) Apoi reduceți căldura și continuați să gătiți până când volumul s-a redus semnificativ. Scurge orice exces de lichid și adaugă la ceapă în robotul de bucătărie.
e) Adăugați salvie, usturoi, boia de ardei, nucșoară, piper negru și sosul Worcestershire în ceapă și ciuperci și amestecați pentru a forma o pastă aspră.
f) Apoi adăugați lintea și ovăzul și amestecați - pentru a se amesteca bine, dar pentru a menține textura.
g) Asezati doua foi de aluat filo una peste alta pe o tabla de tocat uscata. Turnați amestecul de „carnati" pe lungimea părții lungi, la aproximativ 4 cm de margine. Cârnații trebuie să aibă aproximativ 2 cm lățime și 1 cm înălțime. Ridicați marginea de 4 cm peste cârnați, apoi rulați cu grijă cârnații. Tăiați în 9 rulouri de cârnați, de aproximativ 2,5 cm lungime. Repetați cu amestecul de filo și cârnați rămas.
h) Asezati rulourile de carnati pe o tava tapetata si glazurati cu lapte de soia. Coaceți la cuptor timp de 20-22 de minute.

11. Chuckwagon Kabobs

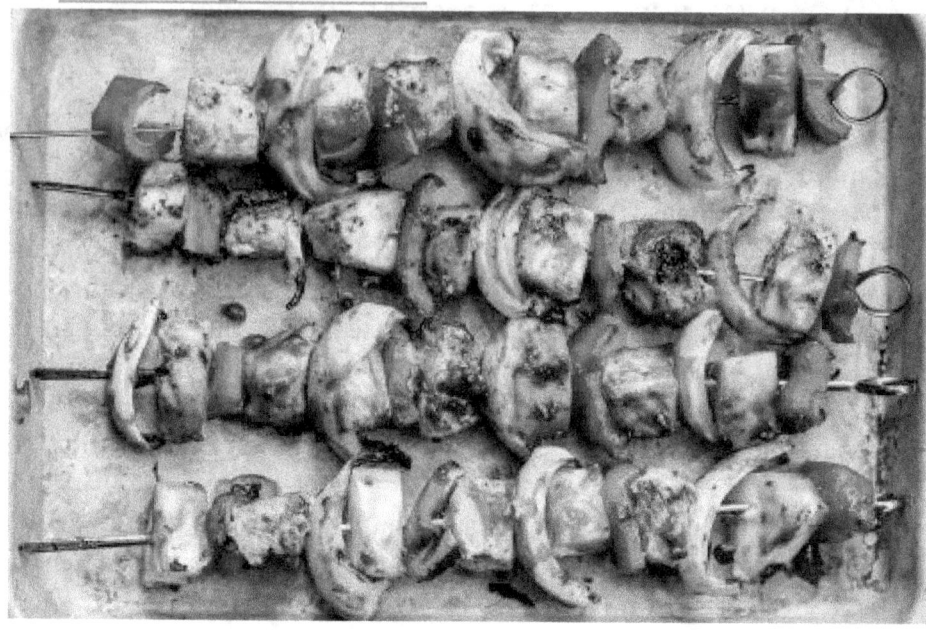

INGREDIENTE:
- Hot-dogs pachet de 16 uncii -- tăiați în treimi
- Pachet de 16 uncii franci afumati -- tăiați în treimi
- Pachet de 30 de uncii cartofi prăjiți fripturi congelați

INSTRUCȚIUNI:

a) Așezați toate ingredientele alternativ pe frigărui; înfășurați lejer în folie rezistentă, dacă doriți.

b) Gratar, fara capac gratar, la foc mediu-mare (350-400 grade) 3-4 minute pe fiecare parte.

12. Mușcături de prăjitură de somon, fasole și mazăre

INGREDIENTE:
- 2 x fileuri de somon (aproximativ 260 g în total), proaspete sau congelate
- 1 lamaie, suc si coaja
- Piper negru proaspăt măcinat, după gust
- 2 x 400g conserve de fasole, scurse
- 100 g mici pois, congelat, clătit sub apă rece
- 1 ou, batut usor
- 50 g pesmet, ideal integral
- 2 linguriţe pline de capere
- 2 linguri iaurt grecesc simplu, fără grăsimi

INSTRUCŢIUNI:
a) Preîncălziţi cuptorul la 190°C/Ventilator 170°C.
b) Înfăşuraţi somonul într-o folie liberă cu un strop de apă. Puneţi la cuptor şi coaceţi timp de 15-25 de minute, în funcţie de cum preferaţi somonul gătit. Se lasa la racit.
c) Transferaţi somonul într-un castron mare şi tăiaţi-l, aruncând orice piele şi oase. Adăugaţi coaja de lămâie, jumătate din suc de lămâie şi piper negru şi amestecaţi.
d) Aşezaţi fasolea de unt şi micile pois într-un robot de bucătărie şi pulsaţi pentru a se descompune puţin. Apoi, adăugând câte puţin, amestecaţi-l cu somonul.
e) Când toate fasolea şi somonul sunt combinate, adăugaţi oul şi amestecaţi bine. Se da la frigider pana este nevoie.
f) Preîncălziţi cuptorul la 220°C/Ventilator 200°C.
g) Împărţiţi amestecul în 20 – aproximativ 40 g fiecare – şi rulaţi în bile. Rulaţi fiecare bila în pesmet şi puneţi-o pe o tavă tapetată.
h) Puneţi prăjiturile de peşte la cuptor pentru aproximativ 20 de minute, întorcându-le la jumătate.
i) Turnaţi caperele într-un castron mic şi pasaţi cu dosul lingurii. Adăugaţi iaurtul şi sucul de lămâie rămas şi amestecaţi bine.
j) Scoateţi prăjiturile de peşte din cuptor şi serviţi cu dip de iaurt.

13.Porumb la grătar cu glazură dulce de chili–soia

INGREDIENTE:
- 2 linguri (30 ml) sos de soia
- 2 linguri (40 g) sos de chili dulce
- 6 spice de porumb, decojite
- Spray de gatit cu ulei de masline, pentru aburire
- Unt, pentru servire (optional)

INSTRUCȚIUNI:
a) Pregătiți un foc mediu-fierbinte pe un singur nivel într-un grătar cu cărbune cu un grătar peste cărbuni.
b) Într-un castron mic, amestecați sosul de soia și sosul dulce de chili. Dați deoparte până când este necesar.
c) Aburiți porumbul cu spray de gătit, aranjați spicele pe grătar și închideți capacul grătarului. Prăjiți timp de 5 până la 10 minute, întorcându-le din când în când, până când porumbul începe să se carbonizeze. Se unge glazura pe porumb și se continuă grătarul, cu capacul închis, până când sâmburii sunt fragezi și carbonizați peste tot, aproximativ 10 minute, întorcându-le la fiecare 3 minute și periând cu mai multă glazură.
d) Serviți cu o altă stropire de glazură pe porumb și o pastă de unt, dacă doriți.

14.Porumb Pe Cob

INGREDIENTE:
- Porumb proaspăt pe stiuleți
- Unt
- Sare si piper dupa gust

INSTRUCȚIUNI:
a) Curatati coaja de porumb, dar lasati-le atasate la baza stiuletului. Scoateți firele de mătase din porumb.
b) Înmuiați porumbul într-un castron mare cu apă rece timp de aproximativ 10 minute.
c) Preîncălziți grătarul la foc mediu-mare.
d) Scuturați orice exces de apă din porumb și puneți-o direct pe grătar.
e) Porumbul la grătar aproximativ 10-12 minute, întorcându-l din când în când, până când boabele sunt fragede și ușor carbonizate.
f) Scoateți porumbul de pe grătar și trageți cu grijă înapoi cojile. Folosiți-le ca mânere pentru a ține porumbul.
g) Întindeți untul peste porumb cât este încă fierbinte, lăsându-l să se topească și să îmbrace boabele.
h) Se condimenteaza cu sare si piper dupa gust.
i) Servește porumbul pe stiule ca o garnitură delicioasă și clasică la întâlnirea ta sau în aer liber.

15. Mini Slidere

INGREDIENTE:
- Mini chifle glisante sau rulouri
- Carne tocata de vita sau curcan
- Sare si piper dupa gust
- Legume proaspete asortate (cum ar fi salată verde, felii de roșii, felii de ceapă și avocado)
- Felii de brânză (cum ar fi cheddar, elvețian sau pepper jack)
- Condimente la alegere (cum ar fi ketchup, muștar sau maioneză)
- Opțional: murături, ceapă caramelizată sau alte toppinguri

INSTRUCȚIUNI:
a) Preîncălziți grătarul sau tigaia de plită la foc mediu-mare.
b) Asezonați carnea de vită sau curcanul măcinat cu sare și piper și modelați-le în chiftele mici, care se potrivesc cu dimensiunea chiflelor.
c) Gătiți chiftelele pe grătar sau pe plită timp de aproximativ 3-4 minute pe fiecare parte sau până când ajung la nivelul dorit de fierbere.
d) Tăiați chiflele glisante în jumătate pe orizontală.
e) Puneți o chiflă gătită pe jumătatea inferioară a fiecărei chifle.
f) Acoperiți chiftelele cu felii de brânză cât sunt încă fierbinți, lăsând brânza să se topească ușor.
g) Peste brânza se adaugă legumele proaspete și orice condimente dorite.
h) Așezați jumătatea superioară a chiflei pe glisoarele asamblate.
i) Serviți Mini Sliders ca opțiuni delicioase și de dimensiuni mici la întâlnirea dvs. sau în aer liber.

16.Mini pizza

INGREDIENTE:
- Brioșe englezești sau mini cruste de pizza
- Sos pizza
- Branza data prin razatoare
- Toppinguri la alegere (de exemplu, pepperoni, legume feliate, măsline)

INSTRUCȚIUNI:
a) Preîncălziți cuptorul la temperatura recomandată pe pachetul cu crusta de pizza.
b) Împărțiți brioșele englezești în jumătate sau puneți cojile de mini pizza pe o foaie de copt.
c) Întindeți uniform sosul de pizza pe fiecare jumătate de brioșă sau crustă.
d) Presărați brânză măruntită peste sos.
e) Adăugați toppingurile dorite.
f) Coacem in cuptorul preincalzit pentru aproximativ 10-12 minute sau pana cand branza este topita si clocoteste.
g) Lăsați-le să se răcească puțin înainte de servire.

17. Nachos

INGREDIENTE:
- CIPS tortilla
- Branza data prin razatoare
- Boabe de fasole prăjite
- Jalapeños felii
- Salsa
- Guacamole
- Smântână

INSTRUCȚIUNI:
a) Preîncălziți cuptorul la 350°F (175°C).
b) Întindeți un strat de chipsuri tortilla pe o foaie de copt.
c) Presărați brânză măruntită peste chipsuri.
d) Adăugați un strat de fasole prăjită și jalapeños felii.
e) Coacem in cuptorul preincalzit pentru aproximativ 10-12 minute sau pana cand branza se topeste.
f) Serviți cu salsa, guacamole și smântână.

18. Popcorn Bar

INGREDIENTE:
- Popcorn
- Diverse toppinguri (de exemplu, ciocolată topită, sos de caramel, brânză rasă, pudră de chili, zahăr cu scorțișoară, ierburi uscate)

INSTRUCȚIUNI:
a) Popcorn floricele conform instrucțiunilor de pe ambalaj.
b) Împărțiți floricelele în boluri sau pungi individuale.
c) Configurați o stație de toppinguri cu diverse boluri care conțin diferite toppinguri.
d) Permiteți oaspeților să-și personalizeze floricelele de porumb adăugând toppingurile dorite.

19. Creveți de cocos

INGREDIENTE:
- 1 kg de creveți mari, curățați și devenați
- 1 cană nucă de cocos mărunțită (îndulcit sau neîndulcit)
- ½ cană pesmet
- ½ lingurita sare
- Ulei vegetal, pentru prajit

INSTRUCȚIUNI:
a) Într-un castron, combinați nuca de cocos mărunțită, pesmetul și sarea.
b) Ungeți fiecare creveți cu amestecul de nucă de cocos, apăsând ușor pentru a adera la acoperire.
c) Încălzește ulei vegetal într-o tigaie mare sau într-o friteuză la aproximativ 350 ° F (175 ° C).
d) Prăjiți creveții de nucă de cocos în loturi timp de aproximativ 2-3 minute pe fiecare parte sau până când se rumenesc și sunt fierți.
e) Transferați creveții fierți pe o farfurie tapetată cu un prosop de hârtie pentru a scurge excesul de ulei.
f) Servește și bucură-te de acești creveți crocanți și aromați cu nucă de cocos ca aperitiv delicios!

20. Salata de mango avocado

INGREDIENTE:
- 2 mango coapte, taiate cubulete
- 2 avocado coapte, taiate cubulete
- 1 castravete, feliat
- ¼ cana ceapa rosie, tocata marunt
- 2 linguri suc proaspăt de lămâie
- 2 linguri coriandru proaspăt tocat
- Sare si piper, dupa gust

INSTRUCȚIUNI:
a) Într-un castron, combinați mango cubulețe, avocado tăiat cubulețe, felii de castraveți și ceapa roșie tocată.
b) Peste amestec se stropesc sucul de lamaie .
c) Adăugați coriandru tocat.
d) Se condimenteaza cu sare si piper dupa gust.
e) Se amestecă ușor toate ingredientele până se combină bine.
f) Serviți Salata de Mango Avocado ca garnitură răcoritoare și sănătoasă sau ca topping pentru carne la grătar, fructe de mare sau tacos.

21.Frigarui de pui tropical la gratar

INGREDIENTE:
- 1 kilogram de piept de pui dezosat și fără piele, tăiat în bucăți mici
- 1 cană bucăți de ananas
- 1 ardei gras rosu, taiat in bucatele
- ¼ cană sos de soia
- 2 linguri miere
- 2 linguri suc de lamaie
- 1 lingurita de ghimbir ras
- Sare si piper, dupa gust
- Frigarui de lemn, inmuiate in apa timp de 30 de minute pentru a preveni arderea

INSTRUCȚIUNI:
a) Într-un castron, amestecați sosul de soia, mierea, sucul de lămâie , ghimbirul ras, sarea și piperul.
b) Așezați bucățile de pui, bucățile de ananas și bucățile de ardei gras roșu pe frigărui, alternându-le.
c) Ungeți frigăruile cu marinada, acoperindu-le uniform.
d) Preîncălziți grătarul la foc mediu-mare.
e) Puneți frigăruile pe grătar și gătiți aproximativ 8-10 minute, întorcându-le din când în când, până când puiul este fiert și ușor carbonizat .
f) Scoateți frigăruile de pe grătar și lăsați-le să se odihnească câteva minute.
g) Servește frigăruile de pui tropical la grătar ca fel de mâncare principală aromată și tropicală sau ca un plus delicios la grătarul de vară.

22.Frigarui de ananas si creveti la gratar

INGREDIENTE:
- 1 kg de creveți mari, curățați și devenați
- 2 căni bucăți de ananas proaspăt
- ¼ cană ulei de măsline
- 2 linguri suc de lamaie
- 2 catei de usturoi, tocati
- 1 lingurita boia
- Sare si piper, dupa gust
- Frigarui

INSTRUCȚIUNI:
Într-un castron, amestecați uleiul de măsline, sucul de lămâie, usturoiul tocat, boia de ardei, sare și piper.
Așezați alternativ creveții și ananasul pe frigărui.
Ungeți frigăruile cu marinada.
Preîncălziți grătarul la foc mediu-mare și ungeți grătarele.
Frigaruile la gratar timp de 2-3 minute pe fiecare parte, pana cand crevetii devin roz si copti.
Serviți fierbinte ca aperitiv sau fel principal delicios.

23. Frigarui Caprese

INGREDIENTE:
- 16 roșii cherry
- 16 mini bile de mozzarella (bocconcini)
- 16 frunze proaspete de busuioc
- 2 linguri glazura balsamic
- Sare si piper, dupa gust
- Frigarui

INSTRUCȚIUNI:
a) Așezați o roșie cherry, o mini bilă de mozzarella și o frunză de busuioc pe fiecare frigărui.
b) Aranjați frigaruile pe un platou.
c) Peste frigarui se picura glazura balsamic.
d) Asezonați cu sare și piper.
e) Serviți ca aperitiv colorat și aromat.

24.Glisoare pentru pui la grătar

INGREDIENTE:
- 1 kilogram de piept de pui dezosat și fără piele
- 1 cană sos grătar
- ¼ cană maioneză
- 12 chifle glisante
- Frunze de salata verde
- Felii de roșii
- Ceapă roșie felii

INSTRUCȚIUNI:
a) Preîncălziți grătarul la foc mediu.
b) Condimentam pieptul de pui cu sare si piper.
c) Puiul la grătar timp de aproximativ 6-8 minute pe fiecare parte până este fiert.
d) Ungeți puiul cu sos de grătar și continuați să prăjiți încă un minut pe fiecare parte.
e) Scoateți puiul de pe grătar și lăsați-l să se odihnească câteva minute.
f) Tăiați puiul în bucăți mici.
g) Întindeți maioneză pe chiflele glisante.
h) Asamblați glisoarele punând o bucată de pui pe fiecare chiflă.
i) Acoperiți cu salată verde, roșii și felii de ceapă roșie.
j) Serviți ca sandvișuri gustoase și portabile.

25.Tartele Miniaturale Cu Merisor Si Brie

INGREDIENTE:
- 1 foaie de aluat foietaj prefabricat, decongelat
- 1 cană sos de afine (de casă sau cumpărat din magazin)
- 6 uncii de brânză brie, coaja îndepărtată și tăiată în cuburi mici
- Rozmarin sau cimbru proaspăt, pentru decor (opțional)
- Sare si piper, dupa gust

INSTRUCȚIUNI:
a) Preîncălziți cuptorul la 400 ° F (200 ° C) și tapetați o tavă de copt cu hârtie de copt.
b) Întindeți foaia de foietaj dezghețată pe o suprafață ușor înfăinată până la o grosime de aproximativ ¼ inch.
c) Folosind o tăietură rotundă pentru prăjituri sau un pahar de băut, tăiați cercuri mici din aluatul foietaj. Mărimea va depinde de cât de miniatură doriți să fie tartelele dvs.
d) Așezați cercurile de aluat pe foaia de copt pregătită, lăsând puțin spațiu între fiecare.
e) Pune aproximativ ½ linguriță de sos de afine pe fiecare cerc de patiserie.
f) Acoperiți sosul de afine cu un cub de brânză brie.
g) Presărați un praf de sare și piper peste fiecare tartă.
h) Dacă doriți, ornați fiecare tartă cu o crenguță mică de rozmarin sau cimbru proaspăt.
i) Coacem in cuptorul preincalzit pentru aproximativ 12-15 minute sau pana cand aluatul de foietaj este auriu si umflat.
j) Scoateți tartelele din cuptor și lăsați-le să se răcească câteva minute înainte de servire.

26. Cocktail de creveți cu un sos cocktail picant

INGREDIENTE:
- 450 g de creveți mari, decojiți și devenați
- 1 lămâie, feliată
- Mărar proaspăt, pentru garnitură (opțional)
- Sare, pentru apa la fiert
- Sos Cocktail Zesty

INSTRUCȚIUNI:
a) Umpleți o oală mare cu apă și asezonați-o cu sare. Aduceți apa la fiert.
b) Adăugați creveții decojiți și devenați în apa clocotită. Gatiti aproximativ 2-3 minute sau pana cand crevetii devin roz si opac.
c) Scurgeți creveții fierți și transferați-i într-un bol cu apă cu gheață pentru a opri procesul de gătire. Lasă-le să se răcească câteva minute.
d) Odată ce creveții s-au răcit, scurgeți-i din apa cu gheață și uscați-i cu un prosop de hârtie.
e) Aranjați creveții pe un platou de servire sau pe pahare individuale de cocktail.
f) Servește cocktailul de creveți cu sosul de cocktail zesty în lateral sau stropește sosul peste creveți.
g) Decorați cu felii de lămâie și mărar proaspăt, dacă doriți.

SANDWICHE-uri și împachetări

27.Sandvișuri cu pui Coronation

INGREDIENTE:
- 3 linguri de iaurt grecesc simplu, fără grăsimi
- ¼ de linguriță pudră de curry ușoară sau medie
- Presărați turmeric
- 1 lingurita suc de lamaie sau de lamaie
- 1 caisă uscată, tăiată mărunt
- 10 cm castraveți, fără sămânță și tăiați cubulețe
- 1 linguriță grămadă de sultane, tăiate cubulețe
- 120 g piept de pui fiert, racit si tocat
- 4 felii medii de pâine integrală

INSTRUCȚIUNI:

a) Adăugați într-un castron iaurtul, pudra de curry, turmericul și sucul de lămâie sau lime și amestecați bine.

b) La amestecul de iaurt, adăugați caise, castraveți, sultane și pui mărunțit tăiat cubulețe și amestecați bine.

c) Asamblați sandvișurile – nu este nevoie de unt sau tartinat – și tăiați-le în sferturi.

d) Se serveste imediat sau se transfera intr-o oala inchisa si se pastreaza la frigider pana la nevoie. Cel mai bine este să pregătiți sandvișurile în ziua respectivă, totuși umplutura poate fi pregătită în avans.

28.Burgeri Italieni Cu Muștar De Busuioc Și Giardiniera

INGREDIENTE:
- 1½ cani (336 g) Giardiniera de casa , plus mai mult pentru servire
- 3 linguri (45 g) muștar de Dijon
- 1½ linguriță (21 g) maioneză
- 3 linguri (7,5 g) busuioc proaspăt tăiat subțire
- Mandrina măcinată de 1 liră (454 g).
- 12 uncii (340 g) cârnați italieni fierbinți în vrac
- ¾ linguriță sare kosher
- ¼ lingurita piper negru macinat
- 4 felii de brânză provolone
- 4 rulouri de ciabatta, împărțite

INSTRUCȚIUNI:
a) Cu cel puțin 3 zile înainte să plănuiți să serviți burgerii, faceți giardiniera (aici).
b) Pregătiți un foc mediu cu două zone într-un focar cu un grătar peste cărbuni.
c) Tocați mărunt giardiniera . Dați deoparte până când este necesar.
d) Într-un castron mic, amestecați muștarul, maioneza și busuiocul. Pus deoparte.
e) Într-un castron mare, combinați mandrina măcinată, cârnații italieni, sare și piper. Cu mâinile curate, amestecați ușor ingredientele până când se combină. Împărțiți amestecul în 8 părți egale. Rulați fiecare porție într-o bilă și strângeți ușor fiecare bilă într-o chiflă de aproximativ ½ inch (1 cm) grosime. Sandwich 1 felie de provolone între 2 chiftelute. Ungeți marginile cu degetele pentru a acoperi brânza. Apăsați degetul mare în centrul fiecărei chifle pentru a face o gropiță mare.
f) Aranjați chiftelele pe grătar la foc direct. Gratar, netulburat, timp de 4 minute. Întoarceți chiftelele și puneți la grătar încă 3 până la 4 minute, până când un termometru cu citire instantanee introdus în centrul cărnii atinge 160 ° F (71 ° C).
g) Aranjați ciabatta, cu partea tăiată în jos, pe grătar la foc direct. Prăjiți până se rumenesc ușor și crocanți, 30 de secunde până la 1 minut. Transferați chiflele de jos într-o tavă de foaie. Întoarceți chiflele de sus și puneți la grătar timp de 30 de secunde până la 1 minut, până când sunt prăjite.
h) Pentru a asambla burgerii, ungeți un strat de muștar cu busuioc pe jumătatea inferioară a fiecărei chifle de ciabatta. Adăugați o chiflă și câteva linguri de giardiniera și puneți deasupra cealaltă jumătate de chiflă. Serviți cu mai multă giardiniera în parte.

29. Tacos de pui cu crustă de chimen cu salsa verde afumată

INGREDIENTE:
PENTRU SALSA VERDE
- 1½ lire (681 g) tomate, decorticate
- 1 ceapă albă, tăiată în jumătate pe lungime, rădăcină lăsată intactă, tocată grosier
- 2 ardei jalapeño
- Spray de gatit cu ulei de masline, pentru prepararea legumelor
- ½ cană (8 g) coriandru proaspăt ambalat
- Suc de 1 lime
- ½ linguriță de sare kosher, plus mai mult după cum este necesar

PENTRU TACOSUL DE PUI
- 2 linguri (12 g) seminţe de chimen, zdrobite grosier
- 1 lingurita de sare kosher, plus mai mult pentru condimentare
- ½ linguriță piper negru măcinat, plus mai mult pentru condimente
- 2 kg pulpe de pui dezosate, fără piele, fără grăsime în exces
- 2 cepe roşii, tăiate în sferturi, rădăcinile lăsate intacte
- Spray de gatit cu ulei de masline, pentru prepararea cepei
- Făină încălzită sau tortilla de porumb, pentru servire
- Toppinguri la alegere

INSTRUCȚIUNI:
a) Pregătiţi un foc mediu cu două zone într-un focar cu un grătar peste cărbuni.

PENTRU A FACE SALSA VERDE:
b) Pulverizaţi tomatele, ceapa şi jalapeños cu spray de gătit. Aranjaţi legumele pe grătar la foc direct. Prăjiţi timp de aproximativ 8 minute, până când se înmoaie şi se carbonizează, întorcându-le din când în când. Scoateţi fiecare legumă pe măsură ce este gata şi transferaţi-o pe o masă de tăiat.

c) Tăiaţi şi tocaţi grosier ceapa la grătar. Înălţimea şi miezul jalapeños la grătar.

d) Într-un robot de bucătărie, combinaţi ceapa tocată şi jalapeños, tomatillos, coriandru, sucul de lămâie şi sarea. Pulsaţi până când ingredientele se combină într-un sos, dar totuşi au o consistenţă puţin groasă. Gustaţi şi adăugaţi mai multă sare, dacă doriţi. Transferaţi într-un castron mic. Pune deoparte până când este gata de utilizare.

PENTRU A FACE TACOSUL DE PUI:

e) Într-un castron mic, amestecați semințele de chimen, sarea și piperul. Asezonați puiul pe toate părțile cu amestecul de condimente.

f) Pulverizați ceapa roșie cu spray de gătit și asezonați cu câteva vârfuri de sare și piper.

g) Aranjați puiul și ceapa roșie pe grătar la foc direct. Prăjiți puiul la grătar timp de 10 până la 12 minute, întorcându-le ocazional, până când se carbonizează uniform pe ambele părți și un termometru cu citire instantanee introdus în partea cea mai groasă a coapsei ajunge la 180 ° F la 185 ° F (82 ° C la 85 ° C). (Mutați puiul la căldură indirectă dacă pare că arde înainte de a ajunge la temperatură.) Prăjiți ceapa până când se înmoaie și se carbonizează, aproximativ 8 minute, întorcându-le ocazional.

h) Tăiați puiul felii și tăiați și feliați ceapa.

i) Asamblați un bar de taco cu pui, ceapă, tortilla, salsa verde și toppinguri la alegere. Invitați oaspeții să se servească singuri.

30. șuncă fierbinte și brie se topește

INGREDIENTE:
- 8 felii de pâine de țară
- Maioneza, pentru tartinare
- Muștar de Dijon, pentru întins
- 8 până la 12 uncii (225 până la 340 g) șuncă delicată, feliată subțire
- 1 brânză Brie roată (8 uncii sau 225 g), tăiată în felii de ¼ inch (0,6 cm)
- Jeleu de ardei iute sau jeleu de ardei iute cumpărat din magazin, pentru întindere

INSTRUCȚIUNI:

a) Înmuiați o scândură de cedru în apă timp de cel puțin 1 oră înainte de a planifica grătar.

b) Pregătiți un foc mediu cu două zone într-un grătar cu cărbune cu un grătar peste cărbuni.

c) Pe 4 felii de pâine, întindeți pe o parte un strat subțire de maioneză. Întoarceți pâinea și întindeți un strat subțire de Dijon pe cealaltă parte. Deasupra puneți câteva felii de șuncă și brânză.

d) Pe celelalte 4 felii de pâine, ungeți jeleul. Așezați-le, cu jeleu în jos, pe sandviș. Întindeți deasupra un strat subțire de maioneză.

e) Preîncălziți scândura până când începe să fumeze. Întoarceți scândura și mutați-o la căldură indirectă. Aranjați sandvișurile pe scândură și închideți capacul grătarului.

f) Prăjiți timp de 10 până la 12 minute, până când brânza se topește și pâinea este prăjită.

g) Scoateți sandvișurile de pe scândură și mutați-le pe partea de căldură directă. Prăjiți sandvișurile pe grătar, descoperite, timp de aproximativ 1 minut pe parte, până se formează urme bune de grătar.

31. Wrap-uri cu salsa de hummus si sfecla rosie

INGREDIENTE:
- 6 împachetări mari din făină integrală
- 150 g hummus simplu cu conținut scăzut de grăsimi
- 90 g frunze baby spanac, spalate
- Pentru salsa de sfeclă roșie:
- 250 g sfeclă roșie aburită, tăiată mărunt
- 2 cepe de primăvară, tăiate și tăiate mărunt
- piure de ardei iute roșu
- O mână mică de mentă proaspătă, tocată 1 lingură suc de lămâie

INSTRUCȚIUNI:
a) Puneți ingredientele salsa într-un bol și amestecați.
b) Întinde hummusul pe o parte a fiecărei folii.
c) Se pune peste salsa de sfeclă roșie și se adaugă frunze de spanac.
d) Îndoiți aproximativ 3 cm din două părți opuse ale foliei. Apoi ridicați una dintre părțile desfăcute și rulați, astfel încât părțile pliate să formeze capetele.
e) Tăiați folia în jumătate. Asigurați fiecare jumătate cu un baton de cocktail.

RETENȚĂ LA GRĂTAR

32.Chiftelute în scânduri cu sos marinară

INGREDIENTE:
PENTRU SOS DE MARINARA
- 2 linguri (30 ml) ulei de măsline
- 1 şalotă, tocată
- 2 catei de usturoi, tocati
- 1 cutie (28 uncii sau 790 g) de roșii întregi decojite, nescurcate
- 1 lingură (4 g) oregano proaspăt tocat
- Ciupiți fulgii de ardei roșu
- Sare cuşer

PENTRU Chiftele
- 12 (aproximativ 1 kilogram sau 454 g) chiftele în stil italian
- Sare cuşer
- Piper negru
- Parmezan ras, pentru stropire
- Spaghete fierte, pentru servire (optional)

INSTRUCȚIUNI:
a) Înmuiați o scândură de stejar în apă timp de cel puțin 1 oră înainte de a planifica grătar.
b) Pregătiți un foc mediu cu două zone într-un grătar cu cărbune cu un grătar peste cărbuni.
c) PENTRU A FACE SOSUL DE MARINARA: Pe plita, incalziti o tigaie medie la foc mediu-mare. Adăugați uleiul de măsline și șalota. Gatiti 1-2 minute, pana ce ceapa este translucida. Amestecați usturoiul, roșiile, oregano și fulgii de ardei roșu și aduceți sosul la fiert rapid. Reduceți focul și păstrați sosul la fiert lent, constant, amestecând din când în când și piureând roșiile cu dosul lingurii pe măsură ce se descompun. Gatiti cel putin 30 de minute pana este gata de utilizare. Cu cât sosul fierbe mai mult, cu atât devine mai gros și mai bogat. Gustați sosul și adăugați sare dacă este necesar. (Dacă preferați un sos mai fin, amestecați-l înainte de utilizare.)
d) PENTRU A FACE CHIFTELELE: Condimentam chiftelele cu sare si piper.
e) Preîncălziți scândura până când începe să fumeze. Întoarceți scândura și mutați-o la căldură indirectă. Aranjați chiftelele pe

scândură și închideți capacul grătarului. Prăjiți aproximativ 10 minute, până când chiftelele se rumenesc peste tot.

f) Peste fiecare chifteluță se pune aproximativ 1 lingură (15 g) de sos marinara. (Păstrați marinara nefolosită pentru utilizare ulterioară sau pentru a acoperi spaghetele pentru o masă completă .) Închideți capacul grătarului și grătarul timp de aproximativ 5 minute.

g) Presărați parmezan peste chiftele și închideți capacul grătarului. Mai grați încă 5 minute, până se topește brânza. Un termometru cu citire instantanee introdus în centrul chiftelei ar trebui să înregistreze 160°F (71°C). Se serveste cu mai mult parmezan presarat deasupra si spaghete fierte, daca se doreste.

33.Creveți la grătar

INGREDIENTE:
- 1 kg de creveți mari, curățați și devenați
- 2 linguri ulei de masline
- 2 catei de usturoi, tocati
- 1 lingura suc proaspat de lamaie
- 1 lingurita boia
- ½ lingurita sare
- ¼ lingurita piper negru
- Frigarui din lemn sau metal
- Opțional: ierburi proaspete (cum ar fi pătrunjel sau coriandru) pentru garnitură

INSTRUCȚIUNI:
a) Dacă folosiți frigărui de lemn, puneți-le la înmuiat în apă timp de aproximativ 30 de minute pentru a nu se arde pe grătar.
b) Într-un castron, combinați uleiul de măsline, usturoiul tocat, sucul de lămâie, boia de ardei, sare și piper negru pentru a face marinada.
c) Adăugați creveții decojiți și devenați la marinată, asigurându-vă că fiecare creveți este bine acoperit . Se lasa la marinat aproximativ 15 minute.
d) Preîncălziți grătarul la foc mediu-mare.
e) Așezați creveții marinați pe frigărui, străpungând partea de sus și de jos a fiecărui creveți pentru a-i menține pe loc.
f) Puneți frigăruile de creveți pe grătar și gătiți aproximativ 2-3 minute pe fiecare parte, sau până când creveții devin roz și opac.
g) Scoateți frigăruile de pe grătar și lăsați creveții să se odihnească un minut.
h) Decorați cu ierburi proaspete, dacă doriți.

34.Halibut în scânduri cu glazură de portocale-miso

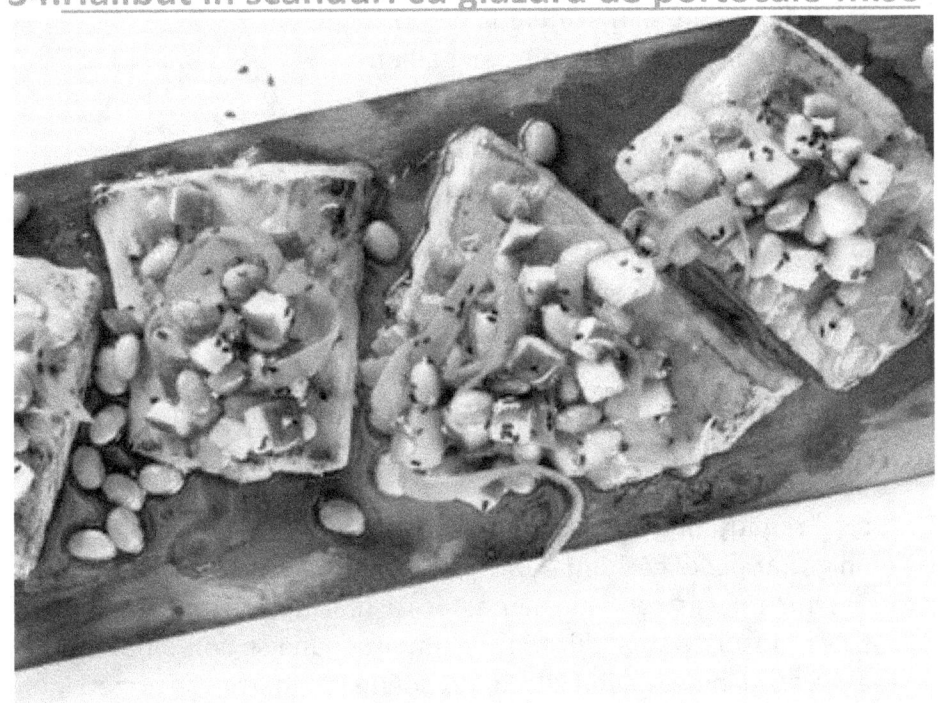

INGREDIENTE:
- 2 linguri (40 g) marmeladă de portocale
- 2 linguri (34 g) miso alb sau galben
- 1 lingurita ulei de susan
- 1 lingurita sos de soia
- 1 lingurita mirin
- 1 linguriță de ghimbir proaspăt decojit și ras
- 4 fileuri de halibut (8 uncii sau 225 g).
- Seminte de susan prajite, pentru ornat

INSTRUCȚIUNI:
a) Ceapă verde tocată mărunt, părți albe și verzi, pentru ornat
b) Înmuiați o scândură de cedru în apă timp de cel puțin 1 oră înainte de a planifica grătar.
c) Pregătiți un foc mediu cu două zone într-un grătar cu cărbune cu un grătar peste cărbuni.
d) Într-un castron mic, amestecați marmelada, miso-ul, uleiul de susan, sosul de soia, mirinul și ghimbirul până se combină.
e) Uscați bine halibutul cu prosoape de hârtie și ungeți generos fileurile cu glazură.
f) Preîncălziți scândura până când începe să fumeze. Întoarceți scândura și mutați-o la căldură indirectă. Aranjați halibutul pe scândură și închideți capacul grătarului.
g) Grătiți timp de 15 până la 20 de minute, până când un termometru cu citire instantanee introdus în partea cea mai groasă a cărnii ajunge la 130 ° F până la 135 ° F (54 ° C la 57 ° C). (În funcție de grosimea fileurilor, timpul de gătire poate varia cu câteva minute.)
h) Se ornează cu semințe de susan și ceai verde înainte de servire.

35.Coaste la grătar

INGREDIENTE:
- 2 rafturi de coaste pentru copii
- ¼ cană zahăr brun
- 1 lingura boia
- 1 lingurita praf de usturoi
- 1 lingurita praf de ceapa
- 1 lingurita sare
- ½ lingurita piper negru
- 1 cană sos BBQ (marca ta preferată)
- Opțional: sos BBQ suplimentar pentru servire

INSTRUCȚIUNI:
a) Preîncălziți grătarul la foc mediu.
b) Într-un castron mic, amestecați zahărul brun, boia de ardei, pudra de usturoi, praf de ceapă, sare și piper negru pentru a face frecarea uscată.
c) Așezați coastele pe o tavă de copt sau pe o tavă și frecați cu generozitate frecarea uscată peste coaste, acoperindu-le uniform.
d) Odată ce grătarul este încălzit, așezați coastele pe grătar, cu partea osoasă în jos.
e) Închideți capacul și grătarul coastele pentru aproximativ 2-3 ore, sau până când se înmoaie și carnea începe să se desprindă de oase. Întoarceți coastele ocazional în timpul gătirii.
f) În ultimele 10 minute de grătar, ungeți coaste cu sosul BBQ, acoperindu-le uniform.
g) Scoateți coastele de pe grătar și lăsați-le să se odihnească câteva minute.
h) Tăiați coastele în porții individuale.
i) Serviți coastele BBQ cu sos BBQ suplimentar, dacă doriți.

36.Friptură învețită în slănină pe o scândură

INGREDIENTE:
- 2 linguri (28 g) unt
- ⅓ cană (53 g) ceapă tocată
- ⅓ cană (37 g) morcov tocat
- ⅓ cană (50 g) ardei gras tocat, orice culoare
- 2 catei de usturoi, tocati
- 6 felii subtiri de bacon
- 2 ouă mari, bătute
- 1 lingură (15 ml) sos Worcestershire
- 1 lingură (6 g) piper negru măcinat
- 2 lingurite sare kosher
- 1 lingurita boia afumata
- ½ cană (78 g) fulgi de ovăz de modă veche
- ½ cană (125 g) de sos de grătar preferat, plus mai mult pentru glazură
- Mandrina măcinată de 1 liră (454 g).
- 1 liră (454 g) cârnați italieni blânzi

INSTRUCȚIUNI:
a) Înmuiați o scândură de stejar sau cedru în apă timp de cel puțin 1 oră înainte de a plănui să faceți grătar.
b) Pregătiți un foc mediu cu două zone într-un grătar cu cărbune sau, de preferință, dacă grătarul este suficient de mare, un foc cu trei zone cu un grătar peste cărbuni.
c) Pe plită, într-o tigaie medie la foc mediu-mare, topește untul. Adăugați ceapa, morcovul și ardeiul gras. Se amestecă pentru a combina. Gatiti 6-8 minute, pana ce ceapa este translucida si morcovul s-a inmuiat. Se amestecă usturoiul. Gatiti aproximativ 1 minut, pana cand este foarte parfumat. Se ia de pe foc si se da deoparte.
d) Tapetați o tavă cu hârtie de copt. Întindeți slănina într-un model încrucișat peste tava de pâine și lăsați capetele atârnând peste margine.
e) Într-un castron mare, combinați ouăle, Worcestershire, piperul, sarea, boia de ardei, ovăz, sosul de grătar și legumele fierte. Adăugați mandrina măcinată și cârnații italieni. Lucrați ingredientele împreună cu mâna până când se combină (evitați amestecarea excesivă).
f) Înmuiați o scândură de stejar sau cedru în apă timp de cel puțin 1 oră înainte de a plănui să faceți grătar.
g) Pregătiți un foc mediu cu două zone într-un grătar cu cărbune sau, de preferință, dacă grătarul este suficient de mare, un foc cu trei zone cu un grătar peste cărbuni.
h) Pe plită, într-o tigaie medie la foc mediu-mare, topește untul. Adăugați ceapa, morcovul și ardeiul gras. Se amestecă pentru a combina.
i) Gatiti 6-8 minute, pana ce ceapa este translucida si morcovul s-a inmuiat. Se amestecă usturoiul. Gatiti aproximativ 1 minut, pana cand este foarte parfumat. Se ia de pe foc si se da deoparte.
j) Tapetați o tavă cu hârtie de copt. Întindeți slănina într-un model încrucișat peste tava de pâine și lăsați capetele atârnând peste margine.
k) Într-un castron mare, combinați ouăle, Worcestershire, piperul, sarea, boia de ardei, ovăz, sosul de grătar și legumele fierte. Adăugați mandrina măcinată și cârnații italieni. Lucrați ingredientele împreună cu mâna până când se combină (evitați amestecarea excesivă).

l) (În această etapă, puteți găti o lingură din amestec într-o tigaie după gust și puteți ajusta orice condimente, dacă doriți. Acesta este un pas opțional, dar util dacă doriți să știți cum funcționează sosul dvs. de grătar cu rețeta.)

m) Puneți amestecul de friptură în tava pregătită și îndoiți capetele de slănină peste chiflă.

n) Preîncălziți scândura până când începe să fumeze. Pune-ți o pereche de mănuși rezistente la căldură, întoarce scândura și așează partea prăjită deasupra tavii de pâine. Apoi, ținându-le de scândură și tigaie, astfel încât să fie strânse una de cealaltă, întoarceți-le pe ambele și puneți-le pe partea de căldură indirectă a grătarului. Glisați cu grijă tigaia de pe friptură (folosind pergamentul pentru a vă ajuta, dacă este necesar) și aruncați pergamentul. Închideți capacul grătarului. Prăjiți aproximativ 30 de minute, până când slănina devine crocantă și rumenită pe margini și friptura a format o crustă.

o) Ungeți partea de sus a chiflei cu mai mult sos de grătar și închideți capacul grătarului. Continuați să prăjiți încă 20 până la 30 de minute, până când un termometru cu citire instantanee introdus în centrul chiflei atinge 155 ° F (68 ° C). (Dacă aveți un foc cu două zone, rotiți scândura la 180 de grade la acest punct de jumătate pentru a găti uniform.)

p) Lăsați friptura să se odihnească timp de 10 minute înainte de a tăia și a servi.

37.Pizza cu piersici și prosciutto

INGREDIENTE:
- 454 g aluat pentru pizza de casă sau aluat pentru pizza cumpărat din magazin
- 1 lingurita ulei de masline
- 1 lingurita otet balsamic
- Sare cușer
- Piper negru
- 1 până la 1½ piersici, fără sâmburi, tăiate la jumătate și tăiate în felii de ½ inch (1 cm)
- Spray de gatit cu ulei de masline, pentru aburire
- Făină de porumb măcinată grosier, pentru praf
- 2 căni (230 g) de brânză mozzarella mărunțită
- 6 felii subtiri de prosciutto, rupte in bucatele
- ¼ ceapă roșie, feliată subțire
- ½ cană (75 g) brânză de capră mărunțită
- O mână de busuioc proaspăt feliat subțire

INSTRUCȚIUNI:
a) Înmuiați două scânduri de arțar sau arin în apă timp de cel puțin 1 oră înainte de a plănui să faceți grătar.
b) Aduceți aluatul de pizza răcit la temperatura camerei pentru cel puțin 30 de minute.
c) Pregătiți un foc mediu cu două zone într-un grătar cu cărbune cu un grătar peste cărbuni.
d) Într-un castron mic, amestecați uleiul de măsline, oțetul și câte un praf de sare și piper până se omogenizează bine. Adăugați felii de piersici și amestecați pentru a se acoperi. Dați deoparte până când este necesar.
e) Împărțiți aluatul în jumătate și modelați fiecare porție într-un cilindru lung și neted. Rotiți fiecare cilindru într-un dreptunghi de dimensiunea scândurii (vezi sfatul). Înțepați aluatul peste tot cu o furculiță și pulverizați suprafața cu spray de gătit.
f) Preîncălziți prima scândură până când începe să fumeze. Întoarceți scândura și mutați-o la căldură indirectă. Pudrați suprafața cu o mână de mălai (pentru a nu se lipi aluatul). Puneți primul aluat, cu partea unsă în jos, pe scândură și pulverizați partea de sus cu spray de gătit.

Închideți capacul grătarului. Puneți la grătar timp de 5 până la 7 minute, până când se rumenesc ușor și sunt ușor crocante.

g) Lucrând rapid, întindeți jumătate din mozzarella pe crustă (până la margini), urmată de jumătate din fiecare prosciutto, ceapă, piersici și brânză de capră. Închideți capacul grătarului. Continuați să gătiți la grătar timp de 5 până la 7 minute, până când brânza devine aurie și clocotită, iar toppingurile sunt încălzite.

h) Ornați pizza cu busuioc înainte de servire. Repetați procesul cu a doua scândură pentru a face a doua pizza.

38. Cozi de homar la gratar cu unt de plante cu lamaie

INGREDIENTE:
PENTRU UNTUL DE IERBE
- 8 linguri (1 baton, sau 112 g) unt, la temperatura camerei
- ¼ de cană (greutatea variază) ierburi proaspete tocate
- 2 linguri (20 g) usturoi tocat
- 1 lingurita coaja de lamaie
- 1 lingurita suc proaspat de lamaie

PENTRU HOMUSI
- 4 (8 uncii sau 225 g) cozi de homar
- Spray de gatit cu ulei de masline, pentru aburire
- Sare cușer
- Piper negru
- Roți de lămâie, pentru servire

INSTRUCȚIUNI:
a) Pregătiți un foc mediu cu un singur nivel într-un grătar cu cărbune cu un grătar peste cărbuni.

b) PENTRU A FACE UNTUL DE IERBE: Într-un castron mic, cu ajutorul unei furculițe, zdrobiți și amestecați untul, ierburile, usturoiul, coaja de lămâie și sucul de lămâie până se omogenizează bine. Dați deoparte până când este necesar.

c) Pentru a face fluture cozile homarului:

d) 1. Așezați fiecare coadă de homar, cu coaja în sus, pe o placă de tăiat. Folosind foarfece de bucătărie rezistente, aliniați lama inferioară chiar sub coajă și tăiați pe lungime în centru, oprindu-se la baza cozii. (Arota coada ar trebui să rămână intactă.)

e) 2. Cu un cuțit, tăiați pe aceeași linie pentru a despica carnea, oprindu-se chiar înainte de a tăia până la fund.

f) 3. Întoarceți coada homarului și tăiați țepii orizontali în mijlocul cozii cu foarfecele. Dacă sunt atașate picioare mici asemănătoare înotătoarelor (înotătoare), tăiați-le și aruncați-le.

g) 4. Întoarceți din nou coada homarului și deschideți-o ca pe o carte pentru a separa și a expune carnea.

h) Pulverizați carnea cu spray de gătit și asezonați cu sare și piper. Aranjați cozile homarului, cu carnea în jos, pe grătar și închideți capacul grătarului. Prăjiți timp de 5 până la 7 minute, până se carbonizează ușor.

i) Răsturnați homarii pe coajă și ungeți generos carnea cu unt compus, folosind aproximativ 2 linguri (28 g) per homar.

j) Închideți capacul grătarului și grătarul timp de aproximativ 5 minute, până când pulpa este opac și fermă la atingere și un termometru cu citire instantanee introdus în homar înregistrează 135 ° F (57 ° C).

k) Serviți cozile de homar cu felii de lămâie în lateral.

39.Nachos încărcat pe grătar

INGREDIENTE:
- ½ cană (68 g) Jalapeños murat
- 1 cană (149 g) roșii struguri
- 2 spice de porumb, decojite
- Spray de gatit cu ulei de masline, pentru aburire
- 1 pungă de chipsuri tortilla (12 uncii sau 340 g).
- 2 căni (225 g) brânză Cheddar mărunțită
- 2 căni (225 g) de brânză Jack cu piper mărunțit
- 1 cutie (15 uncii sau 425 g) de fasole neagră, clătită și scursă
- 1 avocado, fără sâmburi și tăiat cubulețe mici
- 3 ceai, părți albe și verzi, feliate subțiri
- ½ cană (8 g) coriandru proaspăt tocat
- Smântână, pentru ornat

INSTRUCȚIUNI:

a) Cu cel puțin o zi înainte de a planifica nachos, faceți jalapeños murați.

b) Pregătiți un foc mediu-fierbinte pe un singur nivel într-un grătar cu cărbune cu un grătar peste cărbuni.

c) Așezați roșiile pe frigărui. Aburiți ușor roșiile și porumbul cu spray de gătit, puneți-le pe grătar și închideți capacul grătarului. Prăjiți până când roșiile se înmoaie și se înmoaie ușor, aproximativ 5 minute, iar porumbul este carbonizat peste tot și fraged, aproximativ 15 minute, întorcându-se ocazional. Transferați pe o placă de tăiat. Scoateți roșiile din frigărui și tăiați boabele de porumb.

d) Asamblați nachos-urile pe o jumătate de tavă. Începeți prin a împrăștia chipsurile tortilla uniform pe tigaie. În continuare, presărați peste chipsuri jumătate din fiecare Cheddar, piper Jack, roșii, porumb, fasole, avocado, jalapeño murat și ceai verde. Repetați straturile din nou cu toppingurile rămase.

e) Așezați tava de foaie pe grătar și închideți capacul grătarului. Prăjiți aproximativ 5 minute, până când brânzeturile se topesc .

f) Presarati coriandru peste nachos si ungeti cu smantana inainte de servire.

ALTE REDEA

40. Somon cu usturoi

INGREDIENTE:
- 2 linguri (28 g) unt
- 6 catei de usturoi, tocati
- 2 linguri (30 ml) vin alb sec
- 1 lingură (15 ml) suc proaspăt de lămâie
- Spray de gatit cu ulei de masline, pentru prepararea foliei de aluminiu
- 1 parte de somon (1½ - 2 lire sau 681 până la 908 g)
- Sare cuşer
- Piper negru
- 1 lamaie, taiata in jumatate in cruce
- Pătrunjel proaspăt tocat mărunt, pentru ornat

INSTRUCȚIUNI:

a) Pregătiți un foc mediu-fierbinte pe un singur nivel într-un focar sau grătar cu cărbune cu un grătar peste cărbuni.

b) Pe plită, într-o cratiță mică, la foc mediu, se topește untul. Adăugați usturoiul. Gatiti pana se simte parfumat, 1-2 minute. Se amestecă vinul alb și sucul de lămâie. Aduceți sosul la fiert, gătiți timp de 1 minut și luați de pe foc.

c) Măsurați o foaie de folie de aluminiu rezistentă (cel puțin 18 inchi, sau 45 cm, lungime sau suficient de lungă pentru a înveli somonul) și stropiți ușor suprafața cu spray de gătit.

d) Uscați somonul cu prosoape de hârtie și puneți-l în centrul foii de folie pregătită. Se toarnă sosul uniform deasupra și se condimentează cu sare și piper. Îndoiți și sigilați folia într-un pachet.

e) Pune pachetul pe grătar. Grătiți timp de 10 până la 12 minute, rotind pachetul la fiecare 3 până la 5 minute pentru a găti uniform. (În funcție de grosimea somonului, timpul de gătire poate varia cu câteva minute.) Transferați pachetul de folie într-o tavă și aveți grijă când îl deschideți, deoarece va fi plin de abur. Somonul se gătește atunci când carnea se fulge ușor cu o furculiță și un termometru cu citire instantanee introdus în partea cea mai groasă a cărnii înregistrează 120 ° F până la 125 ° F (49 ° C la 52 ° C).

f) Pulverizați ușor jumătățile de lămâie cu spray de gătit și puneți-le, cu partea tăiată în jos, pe grătar. Prăjiți aproximativ 5 minute, până când marginile sunt carbonizate. Se stoarce lămâile peste somon și se ornează cu un strop de pătrunjel. Serviți stilul familiei de somon sau tăiați-l în porții individuale pentru placare.

41.Cârnați afumati, fasole și cartofi

INGREDIENTE:
- 454 g de cârnați andouille afumat, tăiați în felii de ½ inch (1 cm)
- 454 g de cartofi baby, tăiați în sferturi
- 8 uncii (225 g) fasole snap, tăiată și tăiată la jumătate
- 8 uncii (225 g) ciuperci cremini , tăiate în sferturi
- 1 ceapa galbena, tocata
- 2 linguri (30 ml) ulei de măsline
- 4 lingurițe (10 g) amestec de condimente cajun creole (urmează rețeta)
- Spray de gatit cu ulei de masline, pentru prepararea foliei de aluminiu
- 4 linguri (½ baton, sau 56 g) unt, tăiate în bucăți mici
- O mână de pătrunjel proaspăt tocat, pentru ornat

INSTRUCȚIUNI:

a) Pregătiți un foc fierbinte cu un singur nivel într-un focar sau grătar cu cărbune cu un grătar peste cărbuni.

b) Într-un castron mare, combinați cârnații, cartofii, fasolea, ciupercile și ceapa. Stropiți cu ulei de măsline și stropiți amestecul de condimente. Aruncă pentru a acoperi.

c) Măsurați patru foi de folie de aluminiu rezistentă (cel puțin 14 inchi sau 35 cm lungime) și pulverizați suprafața fiecărei foi cu spray de gătit.

d) Împărțiți uniform amestecul de cârnați-legume între foile de folie pregătite, îngrămădindu-le într-o movilă în centru. Se împrăștie câteva bucăți de unt peste fiecare movilă și se pliază și sigilează folia în pachete.

e) Așezați pachetele pe grătar. Grătiți timp de aproximativ 35 de minute, rotind pachetele la fiecare 10 minute pentru a găti uniform. Transferați pachetele de folie într-o tavă și aveți grijă când le deschideți, deoarece vor fi pline de abur. Legumele sunt gata atunci când cartofii sunt străpunși ușor cu o furculiță.

f) Se ornează fiecare pachet cu un strop de pătrunjel înainte de servire.

42. Fripturi fripturi prăjite cu sos de ierburi

INGREDIENTE:
PENTRU SOS
- 1 șalotă, feliată
- ½ cană (30 g) pătrunjel proaspăt ambalat
- 2 linguri (6 g) arpagic proaspăt tăiat
- 4 crengute de cimbru, frunze dezlipite
- 2 catei de usturoi, taiati felii
- Sare cușer
- Piper negru
- Ulei de măsline, pentru stropire

PENTRU FRIPTURILE
- 2 fripturi (de 1 liră sau 454 g, de 1 până la 1½ inch sau 2 până la 3,5 cm, grosime)
- Sare cușer
- Piper negru

INSTRUCȚIUNI:
a) Pregătiți un foc fierbinte cu două zone într-un focar cu un grătar peste cărbuni.

Pentru a face sosul:
b) În centrul unei plăci mari de tăiat, puneți eșaota, pătrunjelul, arpagicul, frunzele de cimbru și usturoiul. Tăiați-le mărunt împreună, folosind cuțitul pentru a răzui și a combina pentru a topi aromele. Se presara cu un praf generos de sare si piper. Stropiți cu ulei de măsline și amestecați grămada de aromate și ierburi cu vârful cuțitului. Dați deoparte până când este necesar.

PENTRU A FĂCĂ FRIPTURILE:
c) Asezonați generos fripturile pe ambele părți cu sare și piper.

d) Aranjați fripturile la foc direct. Prăjiți, netulburat, timp de 4 până la 5 minute. Fii cu ochii pe fripturi, deoarece grăsimea care se scurge poate provoca izbucniri. Fiți pregătit să le mutați în partea mai rece a grătarului dacă este necesar. Odată ce flăcările se sting, mutați fripturile înapoi la foc direct pentru a termina gătitul.

e) Întoarceți fripturile și puneți la grătar încă 4 până la 5 minute, până când un termometru cu citire instantanee introdus în partea cea mai groasă a cărnii atinge 125 ° F (52 ° C) pentru mediu-rare.

PENTRU A TERMINA SOSUL:

f) Transferați fripturile pe masa de tăiat și puneți-le deasupra aromelor și ierburilor.

g) Se lasa sa se odihneasca 5 minute pentru a lasa caldura sa intensifice aromele. Tăiați friptura împotriva bobului. Folosind cleștele, aruncați fripturile cu sosul cu ierburi.

h) Împărțiți în porții egale și serviți.

43. Curcan prăjit cu ierburi cu sos de afine

INGREDIENTE:
- 12-15 lire (5,4-6,8 kg) curcan întreg, dezghețat dacă este congelat
- ½ cană unt nesărat, topit
- Ierburi proaspete (cum ar fi rozmarin, cimbru și salvie), tocate
- Sare si piper
- Sos de merisoare

INSTRUCȚIUNI:
a) Preîncălziți cuptorul la 325°F (165°C).
b) Clătiți curcanul sub apă rece și uscați-l cu prosoape de hârtie.
c) Așezați curcanul pe un gratar într-o tigaie de friptură.
d) Într-un castron mic, amestecați untul topit, ierburile tocate, sarea și piperul.
e) Ungeți amestecul de unt de plante pe tot curcanul, asigurându-vă că îl acoperiți uniform.
f) Prăjiți curcanul în cuptorul preîncălzit, urmând instrucțiunile privind timpul de gătire în funcție de greutatea curcanului. În general , se recomandă să gătiți curcanul timp de aproximativ 13-15 minute pe kilogram (30-35 minute pe kilogram). Utilizați un termometru pentru carne pentru a vă asigura că temperatura internă a celei mai groase părți a curcanului ajunge la 165 ° F (74 ° C).
g) Odată fiert, scoateți curcanul din cuptor și lăsați-l să se odihnească 20-30 de minute înainte de a-l ciopli și servi cu sos de afine.

44.Şuncă Glasă cu Miere Cu Compot De Ananas

INGREDIENTE:
- 1 șuncă complet fiartă cu os (8-10 livre)
- 1 cană miere
- ½ cană de zahăr brun
- ¼ cană muștar de Dijon
- 2 linguri otet de mere
- Cuișoare întregi pentru ornat
- Compot de ananas condimentat

INSTRUCȚIUNI:
a) Preîncălziți cuptorul conform instrucțiunilor de pe ambalaj pentru șuncă.
b) Puneți șunca pe un grătar într-o tigaie mare.
c) Într-o cratiță mică, combinați mierea, zahărul brun, muștarul de Dijon și oțetul de mere. Se încălzește amestecul la foc mediu, amestecând până când ingredientele sunt bine combinate și zahărul s-a dizolvat.
d) Marcați suprafața șuncii în formă de romb cu un cuțit ascuțit.
e) Acest lucru va ajuta glazura să pătrundă în carne.
f) Ungeți aproximativ jumătate din glazură pe toată suprafața șuncii, asigurându-vă că o introduceți în tăieturile tăiate.
g) Introduceți cuișoare întregi în șuncă pentru un plus de aromă și o notă decorativă.
h) Coaceți șunca în cuptorul preîncălzit conform instrucțiunilor de pe ambalaj, de obicei aproximativ 15-20 de minute pe kilogram, sau până când temperatura internă atinge 140 ° F (60 ° C).
i) Cu aproximativ 15 minute înainte ca șunca să fie gata, ungeți glazura rămasă pe suprafața șuncii.
j) Odată gătită, scoateți șunca din cuptor și lăsați-o să se odihnească câteva minute înainte de a o feli.
k) Serviți cu compot de ananas condimentat.

SALATE DE GRADINA-PROASPE

45. Panzanella la grătar

INGREDIENTE:
PENTRU SALATA
- 454 g de roșii amestecate
- 1 lingurita de sare kosher, plus mai mult pentru condimentare
- 2 dovlecei, tăiați în jumătate pe lungime
- 2 ardei gras, de orice culoare sau amestec, tăiați, fără miez și tăiați în jumătate pe lungime
- 1 vinete glob, tăiate transversal în felii de 1 inch (2,5 cm)
- 1 ceapă roșie, tăiată în cruce în felii de 1 inch (2,5 cm).
- Spray de gatit cu ulei de masline, pentru prepararea legumelor
- Piper negru
- 1 pâine artizanală, tăiată la jumătate pe orizontală (ca pentru un sandviș mare)
- ½ cană (18 g) frunze de busuioc proaspăt ambalate, tocate

PENTRU ENSEMARE
- ½ cană (120 ml) ulei de măsline
- 2 linguri (18 g) capere, scurse
- 2 catei de usturoi, tocati
- 2 linguri (30 ml) otet de vin rosu
- 1 lingură (15 g) muștar de Dijon
- ½ lingurita sare kosher
- ¼ lingurita piper negru macinat

INSTRUCȚIUNI:
PENTRU A FACE SALATA:
a) Pregătiți un foc mediu cu un singur nivel într-un focar cu un grătar peste cărbuni.
b) Tăiați roșiile în jumătate (dacă folosiți roșii cherry) sau tăiați felii de ½ inch (1 cm) (dacă folosiți roșii feliate). Pune roșiile într-un bol suficient de mare pentru a ține salata. Se amestecă roșiile cu sarea. Pus deoparte.
c) Pulverizați dovleceii, ardeiul gras, vinetele și ceapa roșie cu spray de gătit. Asezonați ambele părți cu sare și piper.
d) Aranjați legumele pe grătar. Prăjiți timp de 4 până la 6 minute pe fiecare parte, până când se înmoaie și se carbonizează ușor. Scoateți

fiecare legumă pe măsură ce este gata și transferați-o pe o masă de tăiat.

e) Pulverizați ambele părți ale jumătăților de pâine cu spray de gătit. Aranjați pâinea pe grătar. Prăjiți până când se rumenește și devine crocant, 30 de secunde până la 1 minut pe parte.

f) Tăiați legumele la grătar în bucăți mici și adăugați-le în bolul cu roșii.

g) Tăiați pâinea în bucăți de 1 inch (2,5 cm). Adăugați 6 căni grămașe (225 g) de pâine împreună cu busuioc în bol și amestecați pentru a se combina. (Rezervați pâinea rămasă pentru o altă utilizare.)

PENTRU A REALIZA PANSAMENTUL:

h) Într-un castron mic, amestecați uleiul de măsline, caperele, usturoiul, oțetul, muștarul, sarea și piperul până se omogenizează bine. Se toarnă trei sferturi din dressing peste salată și se amestecă.

i) Lăsați salata să stea cel puțin 15 minute pentru ca pâinea să cuprindă toate aromele de la dressing și legume. Gustați și adăugați mai mult dressing, dacă doriți.

46.Salată de orez cu năut și rodie prăjită

INGREDIENTE:
- 1 cutie de năut de 400 g, scurs
- Ulei spray ușor de gătit, ulei de măsline
- 150 g orez sălbatic cu orez basmati sau cu bob lung
- 1 lingurita chimen macinat
- 120 g frunze de salata mixte
- 20 cm castraveți, tăiați cubulețe
- 1 ardei rosu sau galben, feliat
- 4 cepe de primăvară, tăiate mărunt
- 80 g seminţe de rodie

PENTRU TRASAMENT:
- 4 linguri otet de vin alb
- 2 linguri ulei de masline
- ½ portocală, doar suc

INSTRUCȚIUNI:

a)   Preîncălziți cuptorul la 210°C/Ventilator 190°C.

b)   Pentru a face năutul prăjit, clătiți-l sub jet de apă rece. Uscați-le cu un șervețel curat sau o rolă de hârtie de bucătărie. Apoi întindeți-le uniform pe o tavă tapetată și ungeți-le cu ulei spray. Aruncați ușor pentru a vă asigura că sunt acoperite uniform, înainte de a le prăji timp de 20-30 de minute - amestecați din nou ușor după 10 minute pentru a găti uniform.

c)   Între timp, gătiți orezul conform instrucțiunilor de pe pachet - nu este nevoie să adăugați sare în apa de gătit. Se scurge si se lasa sa se raceasca inainte de a asambla salata.

d)   Odată ce năutul este auriu și ușor crocant, scoateți-l din cuptor, presărați chimen măcinat și aruncați.

e)   Adăugați ingredientele pentru dressing într-un vas bine etanș, cum ar fi un vas Tupperware sau un borcan pentru gem. Puneți capacul bine și agitați puternic.

f)   Amestecați frunzele de salată cu orezul și celelalte legume. Apoi adăugați dressingul și amestecați din nou.

g)   Acoperiți cu năut și rodie prăjită și serviți.

47.Salată mediteraneană de quinoa

INGREDIENTE:
- 2 cani de quinoa fiarta, racita
- 1 cană de roșii cherry, tăiate la jumătate
- 1 cană de castraveți, tăiați cubulețe
- 1/2 cana ceapa rosie, tocata marunt
- 1/2 cană măsline Kalamata, fără sâmburi și feliate
- 1/2 cană brânză feta mărunțită
- 1/4 cana patrunjel proaspat, tocat
- 3 linguri ulei de masline
- 1 lingura suc de lamaie
- Sare si piper dupa gust

INSTRUCȚIUNI:
a) Într-un castron mare, combinați quinoa fiartă, roșiile cherry, castraveții, ceapa roșie, măslinele Kalamata și brânza feta mărunțită.
b) Într-un castron mic, amestecați uleiul de măsline, sucul de lămâie, sarea și piperul pentru a face dressingul.
c) Se toarnă dressingul peste salată și se amestecă până când totul este bine acoperit.
d) Se ornează cu pătrunjel proaspăt înainte de servire.

48.Salata de piersici si burrata

INGREDIENTE:

- 4 piersici coapte, feliate
- 8 oz brânză burrata
- O mână de rucola sau verdeață amestecată
- 1/4 cană frunze de busuioc, rupte
- 2 linguri ulei de masline
- 1 lingură glazură balsamică
- Sare si piper negru proaspat macinat dupa gust
- Opțional: nuci de pin prăjite sau migdale pentru crocant

INSTRUCȚIUNI:

a) Aranjați rucola sau verdeața mixtă pe un platou mare de servire.
b) Presarati piersicile feliate peste verdeata.
c) Rupeți burrata în bucăți și distribuiți-o peste salată.
d) Stropiți cu ulei de măsline și glazură balsamică.
e) Asezonați cu sare și piper.
f) Se ornează cu frunze de busuioc rupte și, dacă se dorește, un strop de nuci prăjite pentru un plus de textură.
g) Serviți imediat, bucurându-vă de prospețimea cremoasă a burratei cu piersicile dulci.

49. Salată de pepene verde, feta și mentă

INGREDIENTE:
- 4 căni de pepene verde tăiat cubulețe, răcit
- 1 cană brânză feta, mărunțită
- 1/2 cană frunze de mentă proaspătă, rupte aproximativ
- 2 linguri ulei de masline
- 1 lingura suc de lamaie
- Sare si piper negru crapat dupa gust
- Opțional: ceapă roșie sau castraveți tăiați subțiri pentru un plus de crocant

INSTRUCȚIUNI:
a) Într-un castron mare, combinați pepenele verde tăiat cubulețe, feta mărunțită și frunzele de mentă rupte.
b) Stropiți cu ulei de măsline și suc de lămâie, amestecând ușor pentru a acoperi.
c) Se condimenteaza cu sare si piper dupa gust.
d) Dacă folosiți, adăugați ceapa roșie feliată sau castravetele pentru un strat suplimentar de textură și aromă.
e) Se da la rece până când este gata de servire. Această salată se savurează cel mai bine rece, oferind o latură răcoritoare și hidratantă perfectă pentru zilele caniculare.

LATELE AL FRESCO

50.Tofu în stil chinezesc în ambalaje de salată verde

INGREDIENTE:
- 1 cățel de usturoi, tăiat mărunt
- 2 cm rădăcină de ghimbir, curățată și rasă
- 4 linguri sos hoisin
- 2 linguri de sos de soia cu sare redusă
- 2 linguri otet de vin de orez
- 2 lingurite suc de lamaie
- 450 g tofu, presat (dacă este necesar)
- 1 cutie de 225g uda castane, scurse si tocate marunt
- 2 ardei roșii, tăiați mărunt
- 4 cepe de primăvară, tăiate mărunt
- Ulei spray ușor de gătit
- 12 frunze exterioare din salata verde, spalate

INSTRUCȚIUNI:

a) Pentru a face marinada, adăugați usturoiul, ghimbirul, sosul hoisin, sosul de soia, oțetul și sucul de lămâie într-un castron mare și amestecați.

b) Tofu se taie cubulete și se adaugă la marinată cu castanele, ardeiul roșu și ceapa primăvară. Se amestecă pentru a acoperi bine. Acoperiți și lăsați la frigider pentru cel puțin 1 oră.

c) Ungeți o tigaie mare cu ulei pulverizat și încălziți la foc mare. Transferați tofu și legumele marinate în tigaie și amestecați continuu timp de aproximativ 6-8 minute sau până când ardeiul este fraged.

d) Adăugați o lingură de tofu și legume în centrul fiecărei frunze de salată și serviți.

51. Jalapeños murat

INGREDIENTE:
- ½ cană (120 ml) oțet alb distilat
- ½ cană (120 ml) apă
- 2 linguri (25 g) zahăr
- 1 lingură (18 g) sare cușer
- 1 cățel de usturoi, feliat subțire
- ½ linguriță de oregano uscat
- 1½ cani (135 g) de ardei jalapeño feliati

INSTRUCȚIUNI:

a) Într-o cratiță mică, la foc mediu-mare, combinați oțetul, apa, zahărul, sarea, usturoiul și oregano. Aduceți saramura la fiert și amestecați până când zahărul și sarea se dizolvă. Se ia de pe foc.

b) Împachetați un borcan de 480 ml cu jalapeños. Se toarnă saramură pentru a umple borcanul. Folosind o lingură, tamponați jalapeños pentru a le scufunda în saramură.

c) Treceți ușor un cuțit în jurul marginii interioare a borcanului pentru a elibera orice bule de aer prinse.

d) Sigilați borcanul cu un capac și dați la frigider peste noapte pentru a permite aromelor să se dezvolte. Jalapeños murați se vor păstra, la frigider, până la 3 luni.

52.Cartofi Dulci Cu Sriracha - Glazură de arțar

INGREDIENTE:
- Spray de gatit cu ulei de masline, pentru prepararea foliei de aluminiu
- 3 cartofi dulci (aproximativ 1½ lire sau 681 g), tăiați în bucăți de 1 inch (2,5 cm)
- Sare cușer
- 2 linguri (28 g) unt, tăiate în bucăți mici
- 2 linguri (30 ml) sirop de artar
- 2 lingurite sriracha
- ⅓ cana (37 g) nuci tocate

INSTRUCȚIUNI:
a) Pregătiți un foc mediu-fierbinte pe un singur nivel într-un grătar cu cărbune sau un focar cu un grătar peste cărbuni.
b) Măsurați două foi de folie de aluminiu rezistentă (cel puțin 16 inchi sau 40 cm lungime) și pulverizați ușor suprafața cu spray de gatit.
c) Împărțiți cartofii dulci între cele două foi pregătite, îngrămădindu-le în centru. Pulverizați cartofii dulci cu spray de gatit, asezonați cu sare și împrăștiați untul deasupra. Îndoiți și sigilați folia în pachete.
d) Așezați pachetele pe grătar. Prăjiți timp de 20 până la 25 de minute, până când cartofii dulci sunt fragezi, rotind pachetele la fiecare 5 până la 10 minute pentru o gătire uniformă.
e) Între timp, într-un castron mic, amestecați siropul de artar și sriracha până se combină.
f) Transferați pachetele de folie într-o tavă și aveți grijă când le deschideți, deoarece vor fi pline de abur. Stropiți amestecul de sirop de artar peste cartofii dulci, stropiți cu nucă și amestecați ușor pentru a se acoperi.

53. Gnocchi cu unt cu usturoi și ciuperci

INGREDIENTE:
- 20 uncii (569 g) gnocchi proaspeți
- 12 uncii (340 g) ciuperci cremini, tăiate în sferturi
- Ulei de măsline, pentru stropire
- 4 catei de usturoi, tocati
- 1 lingurita sare kosher
- ½ linguriță fulgi de ardei roșu
- ¼ lingurita piper negru macinat
- Spray de gatit cu ulei de masline, pentru prepararea foliei de aluminiu
- 1 cană (240 ml) bulion de pui sau ½ cană (120 ml) bulion de pui și ½ cană (120 ml) vin alb uscat
- 4 linguri (½ baton, sau 56 g) unt, tăiate în bucăți
- Pătrunjel proaspăt tocat mărunt, pentru ornat

INSTRUCȚIUNI:
a) Pregătiți un foc fierbinte cu un singur nivel într-un focar sau grătar cu cărbune cu un grătar peste cărbuni.
b) Într-un castron mare, combinați gnocchi și ciupercile. Stropiți generos cu ulei de măsline. Adăugați usturoiul, sarea, fulgii de ardei roșu și piper negru și amestecați până se îmbracă.
c) Măsurați patru foi de folie de aluminiu rezistentă (cel puțin 14 inchi sau 35 cm lungime) și stropiți suprafața fiecărei foi cu spray de gătit.
d) Puneți o porție egală din amestecul de gnocchi și ciuperci în centrul fiecărei foi de folie pregătită. Îndoiți toate cele patru părți în sus pe fiecare foaie (ca și cum ați face un castron) și turnați ¼ de cană (60 ml) de bulion de pui în fiecare pachet. Se împrăștie câteva bucăți de unt peste fiecare și se pliază și sigilează folia în pachete.
e) Așezați pachetele pe grătar. Grătiți timp de aproximativ 15 minute, rotind la fiecare 5 minute pentru a găti uniform. Transferați pachetele de folie într-o tavă și aveți grijă când le deschideți, deoarece vor fi pline de abur.

54. Din lemn de cedru Roșii umplute

INGREDIENTE:
- 8 roșii coapte, dar ferme (aproximativ 4 uncii, sau 115 g fiecare, sau 2 lire sau 908 g în total), de preferință cu tulpini atașate
- ½ cană (25 g) pesmet proaspăt fin, din pâine veche de o zi
- ½ cană (60 g) brânză Gruyère rasă, plus mai mult pentru stropire
- ½ cană (35 g) ciuperci cremini tocate mărunt
- ½ cană (80 g) eșalotă tocată
- 2 linguri (8 g) patrunjel proaspat tocat
- 2 linguri (5 g) busuioc proaspăt tocat
- 2 catei de usturoi, tocati
- 1 lingurita de cimbru proaspat tocat
- ½ lingurita sare kosher
- ¼ lingurita piper negru macinat
- 2 linguri (30 ml) ulei de măsline, plus mai mult pentru stropire

INSTRUCȚIUNI:

a) Înmuiați o scândură de cedru în apă timp de cel puțin 1 oră înainte de a planifica grătar.

b) Pregătiți un foc mediu cu două zone într-un grătar cu cărbune cu un grătar peste cărbuni.

c) Folosind un cuțit de toaletă, tăiați partea de sus ½ inch (1 cm) de la fiecare roșie, rezervând blatul și tăiați miezul. Cu o lingură, scoateți măruntaiele, lăsând o coajă de ½ inch (1 cm) grosime. Păstrați sucurile, semințele și carnea pentru a face sosul marinara pe această pagină sau aruncați-le. Aranjați roșiile (cu blaturile lor însoțitoare) pe o tavă și lăsați-le deoparte.

d) Într-un castron mediu, amestecați pesmetul, gruyère, ciupercile, eșapa, pătrunjel, busuioc, usturoi, cimbru, sare, piper și ulei de măsline. Umpleți fiecare roșie cu 3 până la 4 linguri (18 până la 24 g) din amestecul de pesmet și acoperiți cu o stropire de Gruyère. Așezați blaturile înapoi pe roșii, ca niște pălării, și stropiți cu ulei de măsline.

e) Preîncălziți scândura până când începe să fumeze. Întoarceți scândura și mutați-o la căldură indirectă. Aranjați roșiile pe scândură și închideți capacul grătarului. Prăjiți aproximativ 30 de minute, până când roșiile sunt moi, umplutura este aurie și brânza este topită.

DULCIURI

55. Pere La Gratar Cu Crema Fraîche De Scortisoara

INGREDIENTE:
- 2 linguri miere
- 2 lingurite de scortisoara macinata
- 1 cană (227 g) crème fraîche
- 4 pere, tăiate în jumătate și fără miez

INSTRUCȚIUNI:
a) Pregătiți un grătar la foc mediu-mare.
b) Între timp, amestecați mierea și scorțișoara în crème fraîche (chiar în recipient pentru o curățare ușoară) până când se combină bine.
c) Așezați perele pe grătar și gătiți timp de 3 până la 5 minute, răsturnând o dată, până când perele se înmoaie cu urme bune de grătar.
d) Servește fiecare pară cu o praf de crème fraîche îndulcită .

56. Popsicles cu iaurt înghețat cu fructe de pădure

INGREDIENTE:
- 1 cană iaurt grecesc
- 1 cană de fructe de padure amestecate (cum ar fi căpșuni, afine și zmeură)
- 2 linguri miere
- Forme pentru palete

INSTRUCȚIUNI:
a) Într-un blender, combinați iaurtul grecesc, amestecul de fructe de pădure și mierea.
b) Se amestecă până la omogenizare.
c) Turnați amestecul în forme pentru popsicle .
d) Introduceți bețișoare de popsicle în fiecare matriță.
e) Congelați cel puțin 4 ore sau până când se întărește complet.
f) Scoateți paletele din forme și bucurați-vă de aceste delicii congelate lângă piscină.

57. Smochine și piersici caramelizate dulci

INGREDIENTE:
- 2 linguri de unt
- 2 linguri de zahăr brun la pachet
- 4 smochine medii, tăiate la jumătate pe lungime
- 2 piersici medii, fără sâmburi și feliate

INSTRUCȚIUNI:
a) Într-o cratiță mică, la foc mediu, topim untul. Adăugați zahărul și amestecați până când amestecul devine spumos și auriu, aproximativ 2 minute.
b) Adăugați smochinele și piersicile și amestecați pentru a se acoperi. Gatiti pana cand fructele incep sa se inmoaie si sa isi elibereze sucul, aproximativ 3 minute, amestecand din cand in cand.
c) Împărțiți fructele în farfurii de servire, răsturnând glazura peste fructe.

58. Pere scazute cu gorgonzola si miere

INGREDIENTE:

- 1 lingura (14 g) unt, la temperatura camerei
- 1 lingură (20 g) miere
- 2 pere, tăiate în jumătate pe lungime și fără miez (vezi nota)
- ¼ cană (30 g) brânză Gorgonzola mărunțită

INSTRUCȚIUNI:

a) Înmuiați o scândură de cedru în apă timp de cel puțin 1 oră înainte de a planifica grătar.

b) Pregătiți un foc mediu cu două zone într-un grătar cu cărbune cu un grătar peste cărbuni.

c) Într-un castron mic, amestecați untul și mierea până se omogenizează bine. Ungeți generos părțile tăiate ale perelor cu amestecul de unt și presărați Gorgonzola deasupra.

d) Preîncălziți scândura până când începe să fumeze. Întoarceți scândura și mutați-o la căldură indirectă. Aranjați perele pe scândură și închideți capacul grătarului. Se coace aproximativ 25 de minute, până când perele sunt fragede și pârjolite pe margini.

59. Cookie-uri

INGREDIENTE:
- 2 ¼ căni de făină universală
- ½ lingurita de bicarbonat de sodiu
- ½ lingurita sare
- 1 cană unt nesărat, înmuiat
- ¾ cană zahăr granulat
- ¾ cană zahăr brun la pachet
- 2 ouă mari
- 1 lingurita extract de vanilie
- Opțional: colorant alimentar, flori comestibile sau stropire decorative pentru o temă de grădină

INSTRUCȚIUNI:

a) Preîncălziți cuptorul la 350°F (175°C). Tapetați foile de copt cu hârtie de copt.
b) Într-un castron mediu, amestecați făina, bicarbonatul de sodiu și sarea. Pus deoparte.
c) Într-un castron mare, cremă împreună untul înmuiat, zahărul granulat și zahărul brun până devine ușor și pufos.
d) Bateți ouăle pe rând, apoi amestecați extractul de vanilie.
e) Adăugați treptat ingredientele uscate la ingredientele umede, amestecând până se combină. Nu amestecați în exces.
f) Dacă doriți, împărțiți aluatul de fursecuri în porții și adăugați colorant alimentar în fiecare porție, amestecând până când culoarea este distribuită uniform.
g) Puneți linguri rotunjite de aluat de prăjituri pe foile de copt pregătite, distanțați-le la aproximativ 2 inci.
h) Dacă doriți, apăsați ușor florile comestibile pe suprafața prăjiturilor sau presărați stropii decorative deasupra pentru a îmbunătăți tema.
i) Coaceți fursecurile în cuptorul preîncălzit timp de 10-12 minute, sau până când marginile sunt ușor aurii. Centrii pot părea încă ușor moi, dar se vor întări pe măsură ce se răcesc.
j) Scoateți foile de copt din cuptor și lăsați fursecurile să se răcească pe foi timp de 5 minute. Apoi transferați-le pe rafturi pentru a se răci complet.
k) Odată răcit, serviți prăjiturile pe un platou sau ambalați-le în cutii decorative sau pungi pentru a le savura oaspeții.

60.Sundaes cu înghețată

INGREDIENTE:
- Arome asortate de inghetata
- Diverse toppinguri (de exemplu, sos de ciocolată, sos de caramel, stropi, nuci, frișcă, cireșe)

INSTRUCȚIUNI:
a) Puneți aromele de înghețată alese în boluri sau conuri.
b) Configurați o stație de toppinguri cu diverse boluri care conțin diferite toppinguri.
c) Permiteți oaspeților să-și creeze sunda-urile cu înghețată adăugând toppingurile dorite.

61.Tort cu susul în jos cu ananas

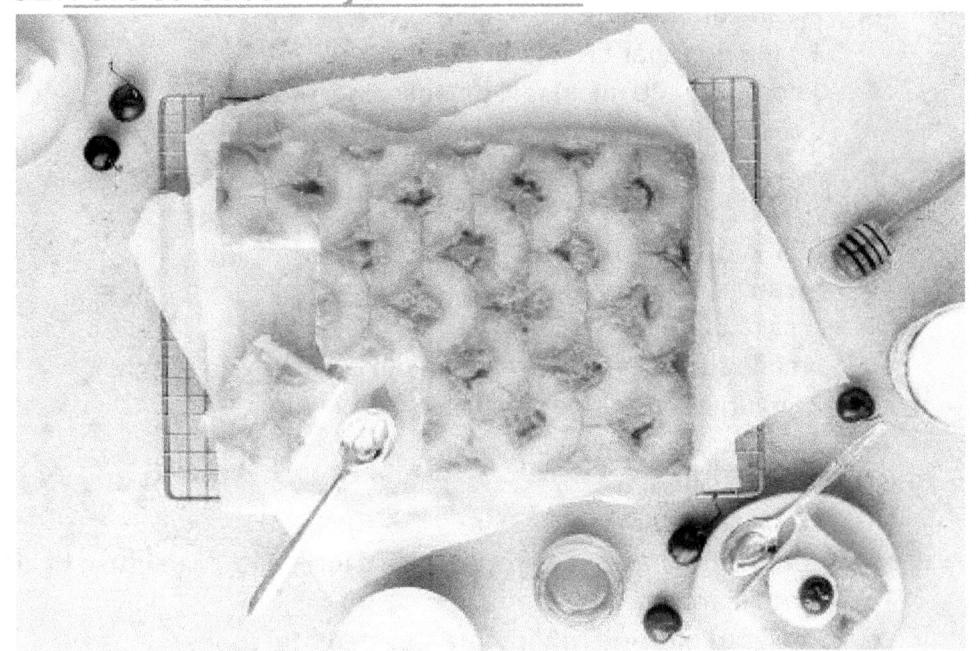

INGREDIENTE:
- ½ cană unt nesărat
- 1 cană de zahăr brun la pachet
- 1 conserve (20 uncii) felii de ananas, scurse
- Cireșe Maraschino, pentru topping (opțional)
- 1 ½ cană de făină universală
- 1 ½ linguriță de praf de copt
- ¼ lingurita sare
- ¾ cană zahăr granulat
- ½ cană lapte
- ¼ cană suc de ananas (rezervat din conserva de ananas)
- 2 lingurite extract de vanilie
- 2 ouă mari

INSTRUCȚIUNI:
a) Preîncălziți cuptorul la 350°F (175°C).
b) Topiți untul într-o tavă rotundă de 9 inci de tort sau într-o tigaie de fontă la foc mic.
c) Presărați uniform zahărul brun peste untul topit.
d) Aranjați feliile de ananas deasupra zahărului brun, așezând o cireșă maraschino în centrul fiecărei felii de ananas dacă doriți.
e) Într-un castron mediu, amestecați făina, praful de copt și sarea.
f) Într-un castron mare separat, amestecați zahărul granulat, laptele, sucul de ananas, extractul de vanilie și ouăle până se combină bine.
g) Adăugați treptat ingredientele uscate la ingredientele umede, amestecând până se combină.
h) Turnați aluatul peste feliile de ananas din tava de tort, răspândindu-l uniform.
i) Coacem in cuptorul preincalzit pentru aproximativ 40-45 de minute, sau pana cand o scobitoare introdusa in centrul prajiturii iese curata.
j) Scoateți tortul din cuptor și lăsați-l să se răcească în tavă timp de 10 minute.
k) Puneți o farfurie de servire cu susul în jos deasupra formei de tort și răsturnați cu grijă tortul pe farfurie.
l) Ridicați tigaia, dezvăluind toppingul de ananas.
m) Lăsați tortul să se răcească complet înainte de servire.

62.Macaroane cu nucă de cocos

INGREDIENTE:
- 3 cesti de nuca de cocos maruntita (indulcita sau neindulcita)
- ¾ cană lapte condensat îndulcit
- 2 lingurite extract de vanilie
- 2 albusuri mari
- Vârf de cuțit de sare
- Opțional: ciocolată pentru stropire sau scufundare (topită)

INSTRUCȚIUNI:
a) Preîncălziți cuptorul la 325 ° F (160 ° C) și tapetați o tavă de copt cu hârtie de copt.
b) Într-un castron mare, combinați nuca de cocos mărunțită, laptele condensat îndulcit și extractul de vanilie. Se amestecă până se combină bine.
c) Într-un castron separat, bate albușurile spumă și sarea până se formează vârfuri tari.
d) Se unesc usor albusurile batute spuma in amestecul de nuca de cocos pana se omogenizeaza.
e) Folosind o lingură sau o linguriță pentru prăjituri, aruncați molecule rotunjite de amestec pe foaia de copt pregătită, distanțați-le.
f) Coacem in cuptorul preincalzit pentru aproximativ 18-20 de minute, sau pana cand macaroanele devin maro auriu pe margini.
g) Scoateți macaroanele din cuptor și lăsați-le să se răcească pe tava pentru copt câteva minute.
h) Opțional: dacă doriți, topiți puțină ciocolată și stropiți-o peste macaroon-urile răcite sau înmuiați fundul macaroons-urilor în ciocolată topită.
i) Lăsați ciocolata să se întărească înainte de servire.

63.Prajitura de sifon cu ciocolata

INGREDIENTE:
- 1 ¾ cană de făină universală
- 1 ½ cană de zahăr granulat
- ¾ cană pudră de cacao neîndulcită
- 1 ½ linguriță de praf de copt
- 1 lingurita de bicarbonat de sodiu
- ½ lingurita sare
- ½ cană ulei vegetal
- 7 ouă mari, separate
- 1 cană apă
- 1 lingurita extract de vanilie
- ½ lingurita crema de tartru

PENTRU GLAURA DE COCOCOLATĂ:
- 2 căni de smântână groasă, rece
- ½ cană de zahăr pudră
- ¼ cană pudră de cacao neîndulcită
- 1 lingurita extract de vanilie

GARNITURA OPTIONALA:
- Așchii de ciocolată
- Boabele proaspete

INSTRUCȚIUNI:
PENTRU PRĂJITUL ȘIFON DE CIOCOLATA:
a) Preîncălziți cuptorul la 170 ° C (340 ° F) și ungeți și făinați o tavă tubulară de 10 inchi.
b) Într-un castron mare, amestecați făina, zahărul granulat, pudra de cacao, praful de copt, bicarbonatul de sodiu și sarea.
c) Faceți o fântână în centrul ingredientelor uscate și adăugați uleiul vegetal, gălbenușurile de ou, apa și extractul de vanilie. Bateți până se omogenizează și bine combinați.
d) Într-un castron separat, bate albușurile spumă și crema de tartru cu un mixer electric până se formează vârfuri tari.
e) Incorporati usor albusurile batute spuma in aluatul de ciocolata, avand grija sa nu amestecati prea mult.
f) Se toarnă aluatul în tava cu tuburi pregătită și se netezește blatul cu o spatulă.

g) Coacem in cuptorul preincalzit pentru aproximativ 45-50 de minute sau pana cand o scobitoare introdusa in centrul prajiturii iese curata.
h) Scoateți tortul din cuptor și răsturnați tava pe un grătar pentru a se răci complet. Acest lucru ajută prăjitura să-și mențină înălțimea și împiedică prăbușirea.

PENTRU GLAURA DE COCOCOLATĂ:
i) Într-un bol de amestecare răcit, bateți smântâna groasă, zahărul pudră, pudra de cacao și extractul de vanilie până se formează vârfuri tari.
j) Aveți grijă să nu bateți în exces, deoarece poate transforma crema în unt.

ASAMBLARE:
k) Odată ce prăjitura de șifon de ciocolată s-a răcit complet, treceți cu un cuțit pe marginile tăvii pentru a slăbi tortul. Scoateți-l din tavă și puneți-l pe o farfurie de servire.
l) Întindeți glazura de frișcă de ciocolată peste partea de sus și pe părțile laterale ale tortului, folosind o spatulă pentru a crea un strat neted și uniform.
m) Opțional: Ornați tortul cu așchii de ciocolată și fructe de pădure proaspete pentru un plus de eleganță.
n) Tăiați și serviți prăjitura șifon de ciocolată, savurându-i bunătatea ușoară și ciocolată.

64.Plăcintă clasică cu dovleac

INGREDIENTE:
- 1 ½ cană de piure de dovleac conservat
- ¾ cană zahăr granulat
- ½ lingurita sare
- 1 lingurita scortisoara macinata
- ½ linguriță de ghimbir măcinat
- ¼ linguriță cuișoare măcinate
- 2 ouă mari
- 1 cutie (12 uncii) de lapte evaporat
- 1 crustă de plăcintă necoaptă de 9 inci

INSTRUCȚIUNI:

a) Preîncălziți cuptorul la 425°F (220°C).

b) Într-un castron, combinați piureul de dovleac, zahărul granulat, sarea, scorțișoara, ghimbirul, cuișoarele, ouăle și laptele evaporat. Se amestecă bine până se omogenizează.

c) Turnați amestecul de dovleac în crusta de plăcintă necoaptă, răspândindu-l uniform.

d) Puneți plăcinta pe o foaie de copt și transferați-o în cuptorul preîncălzit.

e) Coaceți timp de 15 minute la 425°F (220°C).

f) Reduceți temperatura cuptorului la 350°F (175°C) și continuați coacerea pentru încă 40-50 de minute sau până când centrul este fixat și o scobitoare introdusă în umplutură iese curată.

g) Scoateți plăcinta din cuptor și lăsați-o să se răcească complet pe un grătar.

h) Odată răcită, dați plăcinta la frigider pentru cel puțin 2 ore înainte de servire.

65. Biscuiți din turtă dulce

INGREDIENTE:
- 3 căni de făină universală
- 1 lingurita de bicarbonat de sodiu
- ¼ lingurita sare
- 2 lingurițe de ghimbir măcinat
- 1 ½ linguriță de scorțișoară măcinată
- ½ linguriță cuișoare măcinate
- ½ cană unt nesărat, înmuiat
- ½ cană de zahăr brun la pachet
- ½ cană melasă
- 1 ou mare
- 1 lingurita extract de vanilie

INSTRUCȚIUNI:

a) Într-un castron mediu, amestecați făina, bicarbonatul de sodiu, sarea, ghimbirul, scorțișoara și cuișoarele. Pus deoparte.

b) Într-un castron mare, cremă untul înmuiat și zahărul brun până devine ușor și pufos.

c) Adăugați melasa, oul și extractul de vanilie la amestecul de unt. Bateți până se combină bine.

d) Adăugați treptat ingredientele uscate la ingredientele umede, amestecând bine după fiecare adăugare, până se formează un aluat.

e) Împărțiți aluatul în jumătate și modelați fiecare jumătate într-un disc. Înfășurați-le în folie de plastic și lăsați-le la frigider pentru cel puțin 1 oră.

f) Preîncălziți cuptorul la 350 ° F (175 ° C) și tapetați foile de copt cu hârtie de copt.

g) Pe o suprafață ușor înfăinată, întindeți un disc de aluat la aproximativ ¼ inch grosime.

h) Folosiți forme pentru prăjituri pentru a decupa forme din aluatul rulat și transferați-le pe foile de copt pregătite, lăsând puțin spațiu între fiecare prăjitură.

i) Adunați resturile, rulați din nou aluatul și continuați să tăiați prăjiturile până când tot aluatul este folosit.

j) Coaceți fursecurile în cuptorul preîncălzit timp de 8-10 minute sau până când marginile sunt ușor aurii.
k) Scoateți foile de copt din cuptor și lăsați fursecurile să se răcească pe foi pentru câteva minute înainte de a le transfera pe gratele de sârmă pentru a se răci complet.
l) Odată ce fursecurile s-au răcit complet , le puteți decora cu glazură, stropi sau orice alte decorațiuni dorite.

66. Tort

INGREDIENTE:

- 55 g unt, la temperatura camerei [4 linguri (½ baton)]
- 60 g de scurtătură vegetală [⅓ cană]
- 250 g zahăr granulat [1¼ cani]
- 50 g zahăr brun deschis [3 linguri bine ambalate]
- 3 ouă
- 110 g zară [½ cană]
- 65 g ulei de sâmburi de struguri [⅓ cană]
- 8 g extract clar de vanilie [2 lingurițe]
- 245 g faina de prajitura [2 cani]
- 6 g praf de copt [1½ linguriță]
- 3 g sare cușer [¾ linguriță]
- 50 g stropi curcubeu [¼ cană]
- Pam sau alt spray de gătit antiaderent (opțional)
- 25 g stropi curcubeu [2 linguri]

INSTRUCȚIUNI:
a) Încinge cuptorul la 350°F.
b) Combinați untul, scurtarea și zaharurile în vasul unui mixer cu suport prevăzut cu accesoriul cu paletă și smântână împreună la foc mediu-mare timp de 2 până la 3 minute. Răzuiți părțile laterale ale bolului, adăugați ouăle și amestecați la foc mediu-mare timp de 2 până la 3 minute. Răzuiți încă o dată părțile laterale ale vasului.
c) La viteză mică, adăugați zara, uleiul și vanilia. Măriți viteza mixerului la mediu-mare și vâslit timp de 4 până la 6 minute, până când amestecul este practic alb, de două ori mai mare decât amestecul original pufos de unt și zahăr și complet omogen.
d) La viteză foarte mică, adăugați făina de prăjitură, praful de copt, sarea și cele 50 g (¼ de cană) stropi de curcubeu. Amestecați timp de 45 până la 60 de secunde, doar până când aluatul se oprește. Răzuiți părțile laterale ale vasului.
e) Pam-spray un sfert de tava de foaie și tapetați-o cu pergament, sau doar tapetați tava cu un Silpat. Cu o spatulă, întindeți aluatul de tort într-un strat uniform în tavă. Presărați uniform peste aluat restul de 25 g (2 linguri) curcubeu.
f) Coaceți tortul timp de 30 până la 35 de minute. Prajitura va creste si va umfla, dublandu-si volumul, dar va ramane usor untos si dens. Se lasa prajitura la cuptor inca 3-5 minute daca nu trece aceste teste.
g) Scoateți tortul din cuptor și răciți-l pe un grătar.

REȚETE DE CHARCUTERIE

67.Placă clasică de carne de mâncare

INGREDIENTE:
- Mezeluri asortate (cum ar fi prosciutto, salam și coppa)
- Varietate de brânzeturi (cum ar fi cheddar, brie și brânză albastră)
- Măsline și murături
- Biscuiți și pâine asortate
- Fructe proaspete (struguri, smochine și fructe de pădure)
- Nuci (migdale, nuci și caju)
- Dips (hummus, muștar și chutney)

INSTRUCȚIUNI:
a) Aranjați o placă mare de lemn sau un platou.
b) Rulați sau împăturiți mezelurile și puneți-le pe masă.
c) Tăiați brânzeturile în bucăți mici și aranjați-le pe tablă.
d) Adăugați pe masă măsline, murături și dips.
e) Umpleți spațiile goale cu biscuiți, pâine, fructe proaspete și nuci.
f) Serviți și bucurați-vă!

68.Plato mediteranean Mezze

INGREDIENTE:
- Hummus
- Sos tzatziki
- Baba ghanoush
- Pâine pita sau chipsuri pita
- Bile de falafel
- Frunze de strugure
- roșii cherry
- Felii de castraveți
- măsline Kalamata
- Brânză feta
- Ulei de măsline și felii de lămâie (pentru stropire)

INSTRUCȚIUNI:
a) Aranjați un platou sau o tavă.
b) pe platou boluri cu hummus, sos tzatziki și baba ghanoush .
c) Adăugați pâine pita sau chipsuri pita în jurul bolurilor.
d) Aranjați bile de falafel, frunze de struguri, roșii cherry, felii de castraveți și măsline Kalamata pe platou.
e) Se sfărâmă brânza feta deasupra.
f) Stropiți ulei de măsline și stoarceți felii de lămâie peste platou.
g) Serviți și bucurați-vă!

69. platou italian de antipasti

INGREDIENTE:
- Prosciutto feliat
- Soppressata feliata
- Mortadela feliată
- Inimioare de anghinare marinate
- Ardei roșii prăjiți marinați
- Rosii uscate la soare
- Bocconcini (bile mici de mozzarella)
- Grisoare
- Grissini (grisine învelite în prosciutto)
- Așchii de parmezan
- Glazură balsamică (pentru stropire)

INSTRUCȚIUNI:
a) Aranjați un platou sau o placă.
b) Puneți carnea tăiată pe platou, rulându-le dacă doriți.
c) Adăugați inimioare de anghinare marinate, ardei roșii prăjiți și roșii uscate la soare pe platou.
d) Puneți bocconcini și grisine pe platou.
e) Împrăștiați așchii de brânză parmezan peste platou.
f) Stropiți peste ingrediente glazură balsamică.
g) Serviți și bucurați-vă!

70. Plato de sarmutari de inspirație asiatică

INGREDIENTE:
- Friptură de porc feliată sau carne de porc chinezească la grătar
- Rață friptă feliată
- șuncă feliată
- Cârnați în stil asiatic
- Sos de soia
- Sos Hoisin
- Legume murate (morcovi, daikon și castraveți)
- Chifle la abur sau frunze de salată
- Sriracha sau sos chili (opțional)

INSTRUCȚIUNI:
a) Aranjați un platou sau o tavă.
b) Puneți carnea tăiată pe platou.
c) Serviți sosul de soia și sosul hoisin în boluri mici pentru înmuiere.
d) Aranjați legumele murate pe platou.
e) Serviți chifle aburite sau frunze de salată verde pe margine.
f) Opțional, oferiți Sriracha sau sos chili pentru condimente adăugate.
g) Serviți și bucurați-vă!

71. Charcuterie de inspirație franceză

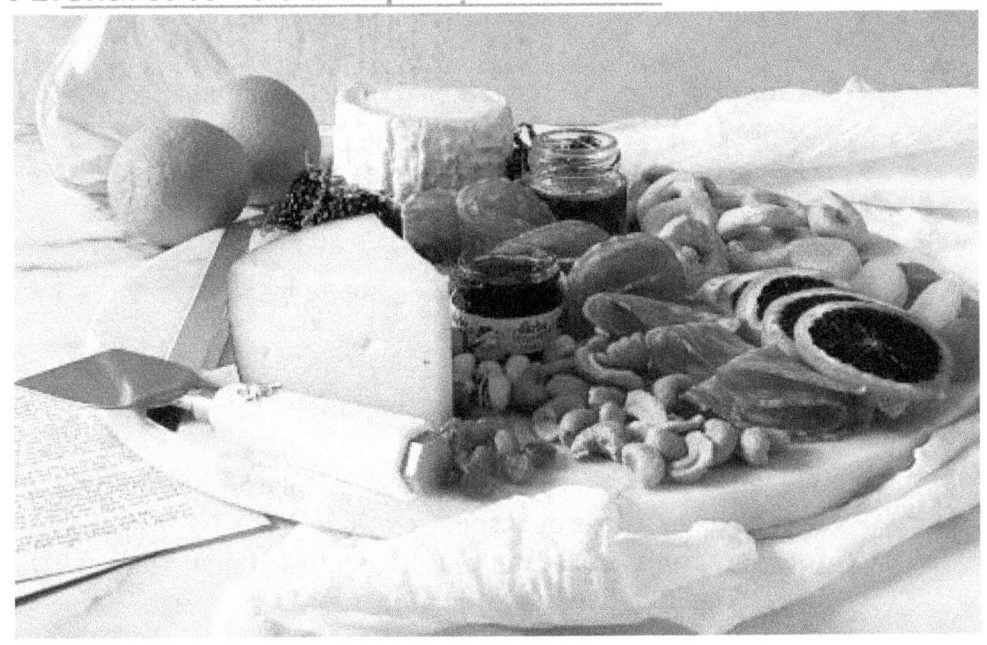

INGREDIENTE:
- Mezeluri asortate (cum ar fi saucisson, jambon de Bayonne, paté sau rillettes)
- Brânzeturi franțuzești (cum ar fi Brie, Camembert, Roquefort sau Comté)
- Felii de bagheta sau paine frantuzeasca
- Cornichons (murături mici)
- mustar Dijon
- Măsline (cum ar fi Niçoise sau Picholine)
- Struguri sau smochine feliate
- Nuci sau migdale
- Ierburi proaspete (cum ar fi patrunjel sau cimbru) pentru garnitură

INSTRUCȚIUNI:
a) Alegeți o placă mare de lemn sau un platou pentru a vă aranja carnea de mâncare de inspirație franceză.
b) Începeți prin a aranja mezelurile pe masă. Rulați-le sau pliați-le și așezați-le într-un model atrăgător.
c) Tăiați brânza franțuzească în felii sau felii și aranjați-le alături de mezeluri.
d) Adăugați pe tablă un teanc de felii de baghetă sau pâine franțuzească, oferind un acompaniament clasic pentru cărnuri și brânzeturi.
e) Așezați un castron mic de muștar de Dijon pe masă pentru înmuiat sau întins pe pâine.
f) Adăugați un castron de cornichons, care sunt murături tradiționale franceze, pentru a completa aromele mezelurilor.
g) Împrăștiați o varietate de măsline pe tablă, umplând orice goluri rămase.
h) Așezați ciorchini de struguri proaspeți sau smochine feliate în jurul tablei, adăugând o notă de dulceață.
i) Presărați nuci sau migdale pe toată placa pentru un plus de textură și aromă.
j) Decorați tabla cu ierburi proaspete pentru o notă finală .
k) Serviți tabla de mezeluri de inspirație franceză ca aperitiv sau piesă centrală la întâlnirea dvs., permițând oaspeților să se bucure de combinația încântătoare de arome și texturi.

SOSURI, DIPSURI ŞI SOSURI

72.Jeleu de ardei iute

INGREDIENTE:
- 2 cesti (300 g) ardei gras tocati marunt, de orice culoare sau amestec
- ½ cană (120 ml) oțet de mere
- 1 lingurita fulgi de ardei rosu
- 3 linguri (36 g) Sure-Jell, mai puțin sau fără zahăr, pectină premium de fructe
- 1 lingurita de unt
- 1½ cani (300 g) zahar

INSTRUCȚIUNI:
a) Pentru a vă pregăti borcanele și capacele, puneți-le într-o cratiță mare și acoperiți-le cu cel puțin 1 inch (2,5 cm) de apă. Încinge-le pe plită la foc mediu și ține-le calde în timp ce faci jeleul. (Ca alternativă, spălați-le în mașina de spălat vase chiar înainte de a începe, astfel încât să rămână calde după ciclul de uscare încălzit.)

b) Într-o cratiță mare cu fundul greu, la foc mediu-mare, combinați ardeii gras, oțetul și fulgii de ardei roșu. Se amestecă pectina și untul. Aduceți amestecul la fierbere completă (un fierbere viguros care nu se oprește să barboteze când este amestecat), amestecând constant. Se amestecă zahărul. Reveniți amestecul la fierbere complet și fierbeți timp de 1 minut, amestecând constant. Scoateți cratita de pe foc.

c) Scurgeți borcanele și puneți-le pe un prosop curat de bucătărie. Pune jeleul fierbinte în borcanele calde, umplându-le până la ½ inch (1 cm) de margini. Amestecați jeleul pentru a redistribui ardeii (au tendința de a pluti) și sigilați borcanele cu capace. Lăsați-le să ajungă la temperatura camerei înainte de a le da la frigider. Jeleul trebuie să se stabilească peste noapte sau în 24 de ore. Jeleul se va păstra, la frigider, până la 3 săptămâni.

73.Pesto de casă cu busuioc-nuci

INGREDIENTE:
- 2 cesti (70 g) busuioc proaspat la pachet
- ½ cană (50 g) parmezan ras
- ⅓ cană (50 g) nuci
- 3 catei de usturoi, curatati de coaja
- ½ lingurita sare kosher
- ¼ până la ⅓ cană (60 până la 80 ml) ulei de măsline
- Stoarceți suc proaspăt de lămâie

INSTRUCȚIUNI:
a) Într-un robot de bucătărie, combinați busuiocul, brânza, nucile, usturoiul și sarea. Pulsați pentru a combina, răzuind părțile laterale ale vasului cu o spatulă de cauciuc, după cum este necesar.

b) Cu procesorul pornind la viteză mică, adăugați uleiul de măsline într-un flux lent, constant, până când amestecul devine o pastă netedă, subțire, tartinabilă.

c) Transferați pesto într-un recipient ermetic și amestecați cu o strângere de suc de lămâie.

d) Dați la frigider până la 1 săptămână sau congelați timp de 6 până la 9 luni.

74.Hummus clasic

INGREDIENTE:
- 1 conserve (15 oz) de năut, scurs și clătit
- 1/4 cană suc proaspăt de lămâie (aproximativ 1 lămâie mare)
- 1/4 cană tahini bine amestecat
- 1 cățel mic de usturoi, tocat
- 2 linguri ulei de măsline extravirgin, plus mai mult pentru servire
- 1/2 lingurita de chimen macinat
- Sarat la gust
- 2 până la 3 linguri de apă
- Un strop de boia de ardei, pentru servire

INSTRUCȚIUNI:
a) Într-un robot de bucătărie, combinați tahina și sucul de lămâie și procesați timp de 1 minut. Răzuiți părțile laterale și fundul bolului, apoi procesați încă 30 de secunde.

b) Adăugați uleiul de măsline, usturoiul tocat, chimenul și 1/2 linguriță de sare la tahini bătut și sucul de lămâie. Procesați timp de 30 de secunde, răzuiți părțile laterale și fundul bolului, apoi procesați încă 30 de secunde sau până se omogenizează bine.

c) Adăugați jumătate din năut în robotul de bucătărie și procesați timp de 1 minut. Răzuiți părțile laterale și fundul bolului, adăugați năutul rămas și procesați până când este gros și destul de neted, încă 1 până la 2 minute.

d) Dacă hummus-ul este prea gros sau mai are bucăți mici de năut, cu procesorul pornit, adăugați încet 2-3 linguri de apă până când ajungeți la consistența perfectă.

e) Gustați de sare și ajustați după cum este necesar. Serviți hummus-ul cu un strop de ulei de măsline și o strop de boia.

75. Dressing de Avocado Cilantro Lime

INGREDIENTE:
- 1 avocado copt
- 1/4 cană suc proaspăt de lămâie (aproximativ 2 lime)
- 1/2 cană frunze de coriandru proaspăt
- 1/4 cană ulei de măsline
- 1 catel de usturoi
- Sare si piper dupa gust
- Apă pentru a dilua (opțional)

INSTRUCȚIUNI:
a) Într-un blender sau robot de bucătărie, combinați avocado, sucul de lămâie , coriandru, ulei de măsline și usturoi. Se amestecă până la omogenizare.
b) Dacă dressingul este prea gros, adăugați apă câte 1 lingură până când ajunge la consistența dorită.
c) Se condimenteaza cu sare si piper dupa gust. Utilizați imediat sau păstrați la frigider până la 2 zile.

76.Sos Tzatziki

INGREDIENTE:
- 1 cană iaurt grecesc
- 1 castravete, ras fin si scurs
- 2 catei de usturoi, tocati
- 2 linguri ulei de masline extravirgin
- 1 lingura otet alb
- 1 lingura de marar proaspat, tocat (sau 1 lingurita de marar uscat)
- Sare si piper dupa gust

INSTRUCȚIUNI:
a) Rade castravetele și stoarce excesul de apă cu mâinile sau folosind o cârpă de brânză.
b) Într-un castron mediu, combinați castravetele ras, iaurtul grecesc, usturoiul, uleiul de măsline, oțetul și mărarul. Se amestecă până se amestecă bine.
c) Se condimenteaza cu sare si piper dupa gust. Se lasa la rece cel putin 30 de minute inainte de servire pentru a permite aromelor sa se topeasca.

77.Dip cu ardei roșu și nuci prăjiți

INGREDIENTE:
- 1 borcan (12 oz) de ardei roșii prăjiți, scurși
- 1 cană nuci, prăjite
- 1/2 cană pesmet
- 2 linguri ulei de masline
- 1 lingură melasă de rodie (sau suc de lămâie ca înlocuitor)
- 1 lingurita boia afumata
- 1/2 lingurita chimen
- Sarat la gust
- Opțional: fulgi de chili pentru căldură

INSTRUCȚIUNI:
a) Într-un robot de bucătărie, combinați ardeii roșii prăjiți scurși, nucile prăjite, pesmetul, uleiul de măsline, melasa de rodie, boia de ardei afumată, chimenul și sarea. Procesați până la omogenizare.

b) Gustați și ajustați condimentele, adăugând fulgi de chili dacă vă place picant.

c) Transferați într-un castron de servire și lăsați la frigider cel puțin 1 oră înainte de servire pentru a lăsa aromele să se dezvolte.

78. s'Mores Dip

INGREDIENTE:
- Fulgi de ciocolată
- Mini marshmallows
- biscuiți Graham (pentru scufundare)

INSTRUCȚIUNI:
a) Preîncălziți cuptorul la 350°F (175°C).
b) Întindeți un strat de fulgi de ciocolată într-o tavă de copt.
c) Acoperiți cu un strat de mini marshmallows.
d) Coacem in cuptorul preincalzit pentru aproximativ 10-12 minute sau pana cand bezele sunt maronii si prajite.
e) Serviți cu biscuiți Graham pentru înmuiere.

BÂNĂRĂRI ŞI RĂCITORI

79.Ceai dulce cu vârf de whisky

INGREDIENTE:
- 7 căni (17 dL) apă
- 1 cană (100 g) zahăr
- 3 pliculețe de ceai negru cu gheață de dimensiunea familiei
- 1 cană (240 g) de whisky
- 1 lămâie mare, feliată subțire

INSTRUCȚIUNI:
a) Aduceți apa la fiert într-un ibric mare. Luați ibricul de pe foc și adăugați zahărul și pliculețele de ceai. Se lasa la infuzat aproximativ 5 minute, amestecand din cand in cand, pana se dizolva zaharul .
b) Scoateți pliculețele de ceai, stoarceți lichidul și aruncați-l. Lăsați să se răcească, apoi transferați ceaiul dulce într-un recipient de jumătate de galon. Se amestecă whisky-ul și se răcește până la 3 zile.
c) Servește ceaiul dulce cu vârfuri peste gheață și ornează cu felii de lămâie.

80.Sangria Mimoza

INGREDIENTE:
- 3 căni (700 ml) suc de fructe
- 3 căni (750 g) fructe proaspete (tăiate felii sau cubulețe, dacă este necesar)
- ½ cană (120 ml) lichior de fructe (cum ar fi Cointreau, Grand Marnier sau Chambord)
- 1 (750 ml) sticla de vin spumant sec, racit

INSTRUCȚIUNI:
a) Combinați sucul, fructele și lichiorul într-un borcan mare (sau ulcior, dacă se servește dintr-unul) și lăsați aromele să se amestece timp de cel puțin 1 oră.
b) Dacă aveți spațiu în frigider, păstrați amestecul la rece până când este gata de utilizare.
c) Adăugați vinul spumant în borcan (sau ulcior) și serviți imediat.
d) Alternativ, puteți umple pahare individuale cu amestecul de suc la aproximativ o treime și acoperiți cu vin spumant.

81. Margarita în aer liber

INGREDIENTE:
- 3 părți limead
- 2 părți tequila argintie
- 1 parte triplu sec
- Ardei Jalapeño, feliat subțire (opțional)

INSTRUCȚIUNI:

a) Combinați limea, tequila și triple sec într-un pahar și completați cu gheață.

b) Dacă vă place margarita cu puțină căldură, adăugați câteva felii de jalapeño înainte de a o servi.

82. Paloma

INGREDIENTE:
- 1 parte tequila argintie
- 1 parte sifon de grepfrut
- Suc de ½ lime medie
- Sare cușer

INSTRUCȚIUNI:

a) Combinați tequila, sifonul de grepfrut și sucul de lămâie într-un pahar.

b) Adăugați un praf de sare, completați cu gheață și serviți.

83.Aniversare Shake

INGREDIENTE:
- 2 cani de inghetata de vanilie
- ½ cană lapte (ajustați pentru grosimea dorită)
- ¼ cană stropi curcubeu
- 2 linguri praf de amestec de prajituri (aroma de vanilie sau funfetti)
- Frisca pentru topping
- Stropi suplimentare pentru garnitură

INSTRUCȚIUNI:
a) Într-un blender, combinați înghețata de vanilie, laptele, stropii curcubeu și praful de amestec de prăjitură.
b) Mixați la viteză medie până când toate ingredientele sunt bine combinate și shake-ul este omogen și cremos.
c) Dacă shake-ul este prea gros, mai adăugați puțin lapte și amestecați din nou până când obțineți consistența dorită .
d) Turnați shake-ul de ziua de naștere în pahare de servire.
e) Acoperiți fiecare pahar cu o praf de frișcă.
f) Decorați cu stropi suplimentare deasupra.
g) Serviți imediat cu un pai și bucurați-vă de shake-ul festiv și dulce de ziua de naștere!

84.Limonadă Bourbon cu miere

INGREDIENTE:

- 5 căni (12 dL) apă, împărțite
- 1 cană (100 g) zahăr
- 1 cană (240 ml) suc de lămâie proaspăt stors
- 1 cană (240 ml) miere bourbon
- 1 lămâie mare, feliată subțire

INSTRUCȚIUNI:

a) Combinați 2 căni (475 ml) de apă și zahăr într-o cratiță mică la foc mediu. Se amestecă până se dizolvă zahărul, apoi se ia de pe foc și se lasă siropul simplu să se răcească la temperatura camerei.

b) Turnați siropul, sucul de lămâie, bourbonul și restul de 3 căni (725 ml) de apă într-un recipient de jumătate de galon. În funcție de aciditatea lămâilor, ajustați după gust și adăugați mai mult zahăr, suc de lămâie sau apă, după cum este necesar. Răciți până la 1 săptămână.

c) Servește limonada de bourbon cu miere peste gheață și ornează cu felii de lămâie.

85.Candy Cane Martini de iarna

INGREDIENTE:
- 1½ oz de vodcă cu fructe de pădure
- 1 oz lichior de ciocolată albă
- 1 oz schnaps de mentă
- 1 oz grenadină
- 2 oz smântână groasă
- Bastoane de bomboane zdrobite (pentru ramuri)
- Bastoane de bomboane (pentru garnitură)
- Cuburi de gheata

INSTRUCȚIUNI:
a) Începeți prin a întinde paharul: Luați un pahar de cocktail răcit și înmuiați marginea în apă sau sirop simplu. Apoi, rulați marginea umedă în bastoane de bomboane zdrobite până când sunt acoperite uniform. Pune paharul deoparte.
b) Umpleți până la jumătate un shaker cu cuburi de gheață.
c) Adăugați vodca cu fructe de pădure, lichiorul de ciocolată albă, rachul de mentă, grenadina și smântâna groasă în agitator.
d) Agitați puternic amestecul timp de aproximativ 15-20 de secunde pentru a combina și a răci ingredientele.
e) Strecoară cocktailul în paharul cu ramă de trestie de bomboane.
f) Ornați băutura cu un baston de bomboane, lăsându-i să atârne peste marginea paharului.
g) Serviți imediat cocktailul de trestie de bomboane și bucurați-vă!

86.Vin fiert din citrice și artar

INGREDIENTE:
- 2 (750 ml) sticle de vin roșu
- ½ cană (120 ml) sirop de arțar
- 1 lingurita seminte de coriandru
- 2 batoane de scorțișoară (3 inchi/8 cm).
- 12 boabe de ienibahar
- 2 anason stele
- 1 frunză de dafin
- 2 portocale medii, tăiate la jumătate în cruce
- ½ cană (120 ml) coniac

INSTRUCȚIUNI:
a) Adăugați vinul, siropul de arțar și toate condimentele într-o oală la foc mediu. Se toarnă portocalele în oală și se adaugă coaja.
b) Aduceți la fiert, reduceți focul la mic și lăsați la infuzat timp de cel puțin 30 de minute pentru a lăsa aromele să se dezvolte.
c) Se amestecă coniacul înainte de servire și se pune în căni, evitând coaja de portocală și condimentele.
d) Pentru a scoate o aromă și mai profundă în condimentele dvs., prăjiți-le în oală la foc mediu-mare înainte de a adăuga celelalte ingrediente.

87.Roșu Ruby Grapefruit Shandy

INGREDIENTE:
- 1 parte lager light sau bere de grâu, răcită
- 1 parte suc de grepfrut roșu rubin, răcit

INSTRUCȚIUNI:
a) Turnați berea într-un pahar, apoi acoperiți cu sucul.
b) AMMESCA
c) Încercați o varietate de sucuri și nectare de fructe pentru a vă crea propriul shandy , cum ar fi sucul de portocale, sucul de rodie, nectarul de mango, nectarul de pere, cidru de mere, limonadă sau amestecul hawaian de POG (fructul pasiunii, portocală, guava).

88.Summer Ale Sangria Cu Ghimbir Si Piersici

INGREDIENTE:
- O mână de frunze proaspete de busuioc
- 2 piersici medii, fără sâmburi și feliate subțiri
- 2 sticle (12 uncii/350 ml) de bere de vară, răcită
- 1 cană (240 ml) bere de ghimbir, răcită
- 1 cană (240 ml) nectar de piersici, răcit

INSTRUCȚIUNI:

a) Într-o oală, amestecați busuiocul și jumătate din piersici. Adăugați piersicile rămase și berea, berea de ghimbir și nectarul de piersici și amestecați pentru a se combina. Serviți imediat.

b) Dacă nu călătoriți departe, puteți folosi piersici congelate feliate în loc de piersici proaspete pentru a menține sangria mai rece mai mult timp.

89. Cidru fiert de vanilie și Bourbon

INGREDIENTE:
- 1 litru (1 litru) de cidru de mere
- 2 batoane de scorțișoară (3 inchi/8 cm).
- 4 păstăi de cardamom, învinețite cu latura unui cuțit
- 4 cuișoare
- ¼ linguriță de semințe de coriandru
- ½ boabe de vanilie, împărțită
- ½ cană (120 ml) de bourbon

INSTRUCȚIUNI:
a) Adăugați cidrul și toate condimentele într-o cratiță mică la foc mediu.
b) Aduceți la fiert, reduceți focul la mic și lăsați la infuzat timp de cel puțin 30 de minute pentru a lăsa aromele să se dezvolte.
c) Se amestecă bourbonul înainte de servire și se pune în căni, evitând condimentele.

90.Margareta

INGREDIENTE:
- Tequila
- suc de lămâie
- triplu sec
- sare sau zahăr pentru bordură
- felie de lime pentru garnitură

INSTRUCȚIUNI:
a) Bordați un pahar cu sare sau zahăr.
b) Agitați tequila, sucul de lămâie și triple sec cu gheață într-un shaker de cocktail.
c) Se strecoară în pahar peste gheață și se ornează cu o felie de lime.

91.Mojito

INGREDIENTE:
- rom alb
- frunze de mentă proaspătă
- suc de lămâie
- sirop simplu
- apa minerala
- felie de lime și/sau crenguță de mentă pentru garnitură

INSTRUCȚIUNI:
a) Încurcă frunzele de mentă, sucul de lămâie și siropul simplu într-un pahar.
b) Adăugați rom și gheață și acoperiți cu apă sodă.
c) Se amestecă ușor și se ornează cu o felie de lime și/sau crenguță de mentă.

92.Cosmopolit

INGREDIENTE:
- Vodcă
- suc de merișoare
- suc de lămâie
- triplu sec
- lime twist sau merișoare pentru garnitură

INSTRUCȚIUNI:

a) Agitați vodca, sucul de afine, sucul de lime și triple sec cu gheață într-un shaker de cocktail.
b) Se strecoară într-un pahar de martini răcit și se ornează cu o răsucire de lime sau merișoare.

93. Negroni

INGREDIENTE:
- Gin
- Campari
- vermut dulce
- rasucire de portocala pentru decor

INSTRUCȚIUNI:

a) Amestecați ginul, Campari și vermut dulce cu gheață într-un pahar de amestecare.

b) Se strecoară într-un pahar de roci umplut cu gheață și se ornează cu o răsucire de portocală.

94.Moscow Mule

INGREDIENTE:
- Vodcă
- bere de ghimbir
- suc de lămâie
- felie de lime pentru garnitură

INSTRUCȚIUNI:
a) Stoarceți sucul de lămâie într-o cană de cupru sau un pahar plin cu gheață.
b) Adăugați vodca și berea cu ghimbir și amestecați ușor.
c) Se ornează cu o felie de lime.

95.franceza 75

INGREDIENTE:
- Gin
- suc de lămâie
- sirop simplu
- Șampanie
- răsucire de lămâie pentru decor

INSTRUCȚIUNI:
a) Agitați ginul, sucul de lămâie și siropul simplu cu gheață într-un shaker de cocktail.
b) Se strecoară într-un flaut de șampanie, se pune deasupra șampanie și se ornează cu o răsucire de lămâie.

96. Espresso Martini

INGREDIENTE:
- Vodcă
- lichior de cafea
- Espresso
- sirop simplu
- boabe de cafea pentru decor

INSTRUCȚIUNI:

a) Agitați votca, lichior de cafea, espresso și sirop simplu cu gheață într-un shaker de cocktail.

b) Se strecoară într-un pahar de martini și se ornează cu boabe de cafea.

97.Blue Martini

INGREDIENTE:
- 2 oz de vodcă
- 1 oz curaçao albastru
- ½ oz suc de lămâie proaspăt stors
- Cuburi de gheata
- Răsucire de lămâie sau afine (pentru garnitură)

INSTRUCȚIUNI:
a) Umpleți până la jumătate un shaker cu cuburi de gheață.
b) Adăugați vodcă, curaçao albastru și suc de lămâie proaspăt stors în shaker.
c) Agitați puternic amestecul timp de aproximativ 15-20 de secunde pentru a răci ingredientele.
d) Strecoară cocktailul într-un pahar de martini răcit.
e) Ornează Blue Martini-ul cu o răsucire de lămâie sau câteva afine pe un cocktail.
f) Servește Blue Martini imediat și bucură-te!

98.Smoothie de fructe

INGREDIENTE:
- Fructe asortate (de exemplu, banane, fructe de pădure, mango)
- Iaurt sau lapte
- Miere sau îndulcitor (opțional)
- Cuburi de gheata

INSTRUCȚIUNI:
a) Spălați și tăiați fructele în bucăți mici.
b) Pune fructele într-un blender.
c) Adăugați iaurt sau lapte, miere sau îndulcitor (dacă doriți) și o mână de cuburi de gheață.
d) Se amestecă până când este omogen și cremos.
e) Se toarnă în pahare și se servește imediat.

99.Fecioară Pina Colada

INGREDIENTE:
- 2 oz suc de ananas
- 2 oz crema de nuca de cocos
- 1 cană de gheață zdrobită
- Feliie de ananas și cireșe maraschino pentru decor

INSTRUCȚIUNI:
a) Adăugați sucul de ananas, crema de cocos și gheața pisată într-un blender.
b) Se amestecă până la omogenizare.
c) Se toarnă într-un pahar și se ornează cu o felie de ananas și cireșe maraschino.

100.Apă infuzată cu fructe

INGREDIENTE:
- Fructe asortate (cum ar fi lămâi felii, lime, portocale, fructe de pădure sau castraveți)
- Apă
- Cuburi de gheata

INSTRUCȚIUNI:
a) Într-un ulcior sau un borcan mare, adăugați fructele dorite.
b) Umpleți recipientul cu apă.
c) Adăugați cuburi de gheață.
d) Se amestecă ușor pentru a se combina.
e) Lăsați apa să stea aproximativ 30 de minute pentru a infuza aromele.
f) Serviți rece ca băutură răcoritoare și hidratantă pentru petrecerea dvs. la piscină.

CONCLUZIE

Pe măsură ce ne încheiem călătoria prin magia sărbătorilor simple în aer liber, sper să vă simțiți inspirați să îmbrățișați bucuriile mesei în aer liber și să creați momente memorabile alături de cei dragi. „MAGIA SIMPLULOR SĂRBĂTORI ÎN EXTERIOR" a fost creat cu convingerea că mâncarea are puterea de a aduce oamenii împreună și de a ridica obișnuitul în extraordinar.

Pe măsură ce continuați să explorați frumusețea mesei în aer liber, amintiți-vă că esența gătitului în aer liber constă nu numai în aromele mâncărurilor, ci și în conexiunile făcute și amintirile împărtășite în jurul mesei. Fie că vă adunați pentru un grătar festiv, vă bucurați de un picnic pe îndelete sau pur și simplu apreciați frumusețea naturii la o masă obișnuită, fiecare înghițitură poate fi savurată și fiecare moment prețuit.

Vă mulțumesc că mi-ați fost alături în această aventură culinară. Fie ca sărbătorile în aer liber să fie pline de râs, dragoste și magia plăcerilor simple. Până ne revedem, gătit fericit și poftă bună!